情系统计写春秋

——敬忆茆诗松教授的统计人生

本书编委会

中国教育出版传媒集团
高等教育出版社 · 北京

茆诗松教授与夫人严惠萍女士

序

2023 年 1 月 16 日，敬爱的茆诗松先生溘然辞世，驾鹤西去。一朝成追忆，痛惜已惘然。华东师范大学统计学科从此失去了开疆拓土、身先士卒的将领，我们失去了德高望重、垂范后学的恩师。在茆先生走后的日子里，别离之悲愈深，云树之思愈切。于是，我们写下文字，遥寄相思。这本文集是爱的汇聚，是朋友、同事对先生的挚爱，是学生、后辈对先生的敬爱。而这一切爱的源泉，正是茆先生终其一生所奉献的大爱。

先生之爱如水滴。筚路蓝缕、以启山林，从自学“像天书一样难”的《概率论教程》，到在苏联留学写成第一篇俄文论文向祖国汇报；从最初应用信息论的失败，到将统计学成功应用推广到不同领域多个场景……先生以水滴石穿的精神，积蓄力量，最终突破边界，闯出新的天地。我们感念先生之爱，那是先生努力求索、不懈奋斗的点点滴滴，纯粹高洁、坚韧持久。

先生之爱如潺涓。对待朋友，先生推心置腹，当朋友开怀时，先生满心欢喜、举杯畅饮；当朋友有难时，先生倾尽全力、热情相助。对待同事，先生提携成全，在事业中指路带领、合作并进，在生活中关怀备至，努力营造温暖和谐的统计系大家庭。对待学生，先生视如家人，一次次耐心指点、热烈讨论，一番番促膝长谈、家宴款待，在每一位学生心目中，先生是严师更是慈父。我们感念先生之爱，那是潺潺注入心田的涓流，温暖有力、生生不息。

先生之爱如汪洋。先生放眼世界，心怀“让数理统计真正在中国落地生根”的信念，积极探索数理统计在中国的发展之路。先生应教育部邀请，为中国数理统计人才培养建言献策，负责编写国内首套“数理统计丛书”，并致力于提升全国数理统计师资力量；他积极投身各行业建设，解决行业实际问题，参与行业标准制定，热情帮助各行业人才学习和应用数理统计；他潜心立著，为广大学子和从业人员奉献了 40 余本广受赞誉的“茆书”，直至耄耋之年，仍笔耕不辍……我们感念先生之爱，那是澎湃于中国大地的壮阔波澜，深沉博大、绵延不绝。

茆诗松先生长眠了，可并未离我们远去。先生之爱存于天地、常驻心间！以爱之名，我们将奋勇向前，继续走好未来的路！

汪荣明

上海对外经贸大学校长

目录

第一部分
茆诗松先生的生平

茆诗松先生于 2023 年 1 月 16 日逝世，这位德高望重的统计学家，以其开疆拓土的领导力、深厚的学术造诣、无私的教育情怀和广泛的行业影响力，成为中国数理统计学科的奠基人之一。他自学起步，历经留学苏联，撰写俄文论文，克服应用信息论的挫折，成功将统计学应用于多个领域，为数理统计在中国的落地生根付出巨大努力。先生创建了数理统计本科专业和数理统计系，推动了学科建设，主编国内首套“数理统计丛书”，提升了师资力量，积极参与各行业建设，制定行业标准，热心帮助各界学习应用统计学。他一生著述颇丰，编写的“茆书”深受好评，即使在耄耋之年仍笔耕不辍。

茆诗松先生重视人才培养，视学生如家人，悉心指导，关心其成长。他倡导热爱数据，鼓励从数据中发现问题，对学生进行统计思想的启蒙与熏陶，他支持师生跨学科研究，关注统计学在工业工程、金融、生物医学和国民经济等领域的应用，鼓励创新，强调统计学的社会价值。

茆诗松先生以其学术成就、教育贡献与人格魅力，在中国统计学界留下了不可磨灭的印记，其生前的言传身教与学术遗产将继续激励后人沿着数理统计之路砥砺前行。

● 1 躬耕一生，仰之弥高[①]

2023 年 1 月 16 日 14 时 1 分，我们敬爱的茆诗松先生溘然辞世，驾鹤西去，享年 87 岁。在茆先生走后的日子里，别离之悲愈深，云树之思愈切。值此纪念茆先生逝世一周年专刊出版之际，我们追寻先生孜孜以求、不懈奋斗、允公允能、创新开拓的历程。

茆诗松先生 1936 年 8 月 18 日出生于安徽省巢县，1954 年参加高考，带着对理工科的热爱进入华东师范大学数学系学习。1958 年，茆先生毕业后留在数学系工作，应国家之需，开始学习研究概率论和数理统计。1978—1982 年，茆先生任数学系常务副系主任，1986—1994 年任新成立的数理统计系系主任。茆先生 1981 年晋升副教授，1986 年晋升教授，2002 年被聘为华东师范大学终身教授。茆先生被教育部聘为《1986—2000 年科学技术发展规划》教育部数学规划组成员（1983 年），被全国统计教材编审委员会聘为现代外国统计学优秀著作译丛专家委员会委员（1995 年），被全国统计教材编审委员会聘为第四届全国统计教材编审委员会顾问（2001 年），被上海期货交易所聘为博士后科研工作站学术指导专家（2003 年），被上海质量管理科学研究院聘为终身研究员（2005 年）。茆先生担任了第三、第六届中国概率统计学会副会长，上海市质量协会（原名“上海市质量管理协会”）副会长（1993—2008 年），上海市质量技术应用统计学会（前身“上海市现场统计研究会”）理事长（1997—2009 年）。

茆诗松先生一生心怀国家，勇于担当。从概率论、数理统计、工业统计到金融统计，哪里有需要，他就走到哪里。他奋楫笃行，走出了发展和推广统计学的卓越之路、特色之路，得到了各界的肯定。中国质量管理协会授予茆先生“全国优秀质量管理工作者”（1993 年），上海市经济委员会、上海市技术监督局、上海市质量管理协

---

① 全文转载自《应用概率统计》纪念茆诗松先生逝世一周年专辑，作者：王静龙，周纪芗，濮晓龙，汤银才，李艳（华东师范大学统计学院）；因参考文献包含于文集第二部分，为避免重复，故不单独列出。

会联合授予茆先生“上海市优秀质量管理推进者”（1999 年），国家质检总局授予茆先生“国家质量管理突出贡献者”称号（2002 年），中国质量协会、中华全国总工会在首届“中国杰出质量人”评选中授予茆先生“中国优秀质量人”称号（2005 年），上海市质量协会授予茆先生“上海白玉兰质量贡献奖”（2007 年）、“上海市质量管理功臣”荣誉称号（2012 年）。

茆诗松先生治学严谨，垂范后学，在理论统计和应用统计方面都作出了卓著的贡献。他发表学术论文 110 多篇、科普性文章逾 50 篇，出版专著和教材逾 40 部、科普性著作 1 部。茆先生注重应用，务实求新，扎根中国大地，做顶天立地的科研。早在苏联莫斯科大学留学期间，茆先生以俄语发表了第一篇论文（茆诗松，1965），解决通信中对称无记忆信道传输信息的问题。之后，应社会经济发展之需，茆先生开始转入可靠性统计等领域。下面，我们简要介绍茆先生在可靠性统计、试验设计、贝叶斯统计和金融统计等四个方向的成果。由于所见有限，难免挂一漏万。

第一个方向是可靠性统计。1965 年春，茆先生带领学生到洛阳轴承研究所，基于轴承寿命实际数据，研究轴承随机缺陷机理和寿命分布估计方法。以此为基础，茆先生发表了第一篇中文论文（茆诗松等，1978），研究了当产品寿命服从两参数威布尔分布时，产品可靠性特征的估计方法。此后，茆先生开展了更多可靠性方法的研究和推广应用工作。他和教研室的几位老师参与了第四机械工业部（后改名为电子工业部）牵头的产品可靠性标准的制定，合作完成了《寿命试验和加速寿命试验数据处理方法标准》（为国家标准 GB/T2689—1981 的基础），该成果获得了第四机械工业部科技成果一等奖和国防科工委重大技术改进成果二等奖。

茆先生结合工厂和研究所等的实际需求，着重研究加速寿命试验数据的分析方法。步进应力加速（简称“步加”）和恒定应力加速（简称“恒加”）寿命试验是工业界最常用的两类加速寿命试验方法。在步加寿命试验场合，茆诗松（1985）针对指数分布提出加速模型和平均寿命的估计方法; 茆诗松（1989）基于渐近方差极小化思想提出了针对简单步加寿命试验的最优设计方案及可靠性特征的置信限等估计方法; 王玲玲和茆诗松（1991）提出了交叉应力步加寿命试验模型与数据分析方法。这三项研究引起了国内同行的关注和引用，带动了国内相关研究的开展。在恒加寿命试验场合，王玲玲等（1989）提出了恒加试验中各种可靠性特征的非参数估计方法; 茆诗松和韩青（1991）针对 I 型截尾试验和威布尔分布，给出了加速方程系数的近似无偏估计和各种可靠性特征的估计方法; 茆诗松和张志华（1996）讨论了几种线性无偏估计的优劣比较; 张志华和茆诗松（1998）研究了简单线性估计的改进方法。对于存在竞争失效的加速寿命试验，张志华和茆诗松（1994，1995，1998）提出了一系列可靠性特征的估计方法，并为实际工作者提供了不同场景下如何有效利用竞争失效机理的建议。

在与工厂和研究所的合作研究中，茆先生意识到基于无失效数据的试验情形进行产品可靠性分析的必要性，与其合作者先后用经典方法和贝叶斯方法提出解决方案，并有效应用于航天发动机和轴承等产品的可靠性分析之中（茆诗松和罗朝斌，1989; MAO 和 XIA，1992; 王静龙和茆诗松，1992; 茆诗松等，1993; 茆诗松等，1996）。此外，茆先生意识到无失效情形下的验收方案需要作专门的设计，在他的指导和参与下形成了一系列的研究成果。王玲玲等（1995）提出了针对电动机恒加寿命试验无失效情形的验收方案; 在对数正态分布场合，何基报和茆诗松（2000）提出了贝叶斯实施验证试验，这一方面的论文引起了工业界和学术界的关注和引用，推动了对该领域问题的深入研究。随后，MAO 和 CHEN（1996）基于实际的轴承寿命试验，提出了仅存一个失效数据的统计分析方法。他们采用多层贝叶斯方法，并结合最小二乘方法，获得了威布尔分布下可靠性特征的估计。PANG 等（2001）采用蒙特卡洛 EM 方法估计仅存在一个失效数据情形的可靠性特征，避免了多层贝叶斯方法中先验分布选择所导致的影响。

第二个方向是试验设计。自 1972 年起，茆先生与教研室的同事们一边学习正交试验方法，一边主动到工厂推广应用。1975 年，茆先生参与编写的《正交试验设计法》一书正式出版。在茆先生等的大力推动下，试验设计开始在国内产业界得到推广应用。当时，实际领域工作者多应用日本学者田口玄一所提倡的主效应分析法，该方法简便易行，当因子间的交互作用不显著时所获得的因子最佳水平组合也较为符合实际。但是，茆诗松等（1990）发现，当因子间存在显著的交互作用时，主效应分析法不够高效和精确，因此他们提出了序贯淘汰水平法。该方法撇开了传统试验设计基于“平均”的观点和思想，通过逐步淘汰各因子的劣水平，使试验范围很快地集中于最佳水平附近，达到了减少样本量和重复试验次数的效果。同时，通过加入间隔迭代搜索，可实现自适应调整试验水平，形成了一种通用的优化方法。

在参数设计中，田口玄一提出采用信噪比作为内表指标。但是，只有在质量特性的方差与其均值的平方成正比，且比例因子不依赖于调节因子时，使用信噪比方能奏效，这是一个很大的限制。针对这一问题，茆先生与合作者提出了一些解决方案。侯小丽等（1995）提出采用平均绝对偏差作为内表指标，并将该指标分解为正偏差与负偏差两个调节指标，以探知减小平均绝对偏差的方向，从而快速寻找到最优水平组合。实例表明，此方法简单易行，所寻找的可控因子调节方向常常是有效的，从而可不同程度地减少试验次数，提高分析效率。陈颖等（1996）根据参数设计的特点，从条件分布的角度提出了参数设计中方差估计的方法，并对可计算性项目给出了相应的方差估计方法，实例表明，该方法优于田口玄一的“直积法”。戴平生等

（1998）提出采用无偏设计，以及增加中心点的设计和有偏设计，获得了更为精确的方差估计值。

第三个方向是贝叶斯统计。茆先生是国内研究和应用贝叶斯方法的先驱者之一。20 世纪 80 年代，针对彩色电视机寿命试验周期长、成本高的问题，考虑到企业拥有长期积累的试验数据，茆先生提出采用贝叶斯方法，其中的先验分布由汇总的历史信息形成，在此基础上完成的《彩色接收器寿命试验贝叶斯方法》（为国家标准 GB/T9382—1988 的基础）获电子工业部科技进步奖一等奖。随后，SINGPURE-WALLA 和 MAO（1988），以及韩青等（1990）提出通过提取、表达和调整专家意见，形成先验分布，从而给出了可靠性特征的贝叶斯分析方法，并制定出贝叶斯验证试验方案。实际上，茆先生结合可靠性分析中的实际需求，应用和发展贝叶斯分析方法，该部分内容已在第一个方向“可靠性统计”部分有所涉及，不再赘述。

此外，针对贝叶斯分析中计算困难的问题，茆先生提出了一些近似的解决方案。茆诗松和唐德钧（1993）通过推导积分的近似表达式，给出了简便且快速获得贝叶斯近似区间估计的算法，并给出了其近似的精度。为克服分组数据的似然函数较为复杂、难以利用贝叶斯方法进行寿命特征推断的困难，刘忠和茆诗松（1997）提出利用吉布斯（Gibbs）抽样方法，以及吉布斯抽样和米特罗波利斯（Metropolis）算法杂合的抽样方法，得到了精度较高的寿命特征推断值。针对多种回归模型，卢一强和茆诗松（2004，2005a，2005b，2005c，2006）提出了模型系数的贝叶斯样条估计方法。例如，卢一强和茆诗松（2006）提出以贝叶斯 B 样条函数逼近广义变系数模型的系数，取均匀的无信息先验为节点个数，采用贝叶斯模型平均的方法估计各个函数系数，获得了效果优良的系数估计值。

第四个方向是金融统计。1990 年 12 月，新中国成立以来内地的第一家证券交易所 —— 上海证券交易所正式成立。对于新兴的证券市场，急需建立可反映市场总体特征的统计指标体系、发掘影响股市的因素、度量政策对市场的影响等。彼时已年近 60 岁的茆先生毅然投入到这一新兴领域的研究中。他与上海证券交易所等单位合作，带领师生对我国证券市场经济功能与统计测定进行了较为系统的研究，完成了两个课题，发表了数篇相关成果。例如，茆诗松等（1996）就政策、扩容、消息等信息对上海股市波动影响进行了较为全面的分析；何基报和茆诗松（1997）讨论了影响新兴股市的多因素模型，并对各国股市的模型进行了比较。上述研究成果汇总形成《现阶段我国证券市场经济功能的统计测定研究（总报告）》，于 1996 年 3 月 20 日以整版发表在上海证券报第 12 版上，在业界和学界都产生了一定的影响。1997 年，茆先生参与了彭实戈院士主持的国家自然科学基金重大项目“金融数学、金融工程和金融管理”，对持股市值给出两对数正态分布的混合模型，较好解释了股市现状，对市场监管具有现实意义。MAO 和 HE（1998）提出应用 ARIMA 模型刻画上证指数的规律性，该成果发表在第一届“智能数据工程与学习”国际会议中，受到了国际同行的好评。

针对金融领域的技术难题，茆诗松先生与上海证券交易所、上海期货交易所、相关证券公司和基金公司开展了广泛的合作，先后从证券投资组合理论、期权定价、风险管理等领域开展了系列研究。何基报和茆诗松（2000）在不同的假设下分别给出了描述真实市场的资本资产定价模型，提出了模型参数的估计方法，并应用于上海股市的若干股票，构造了最优投资组合。顾娟和茆诗松（2000）在证券价格或收益是一个时齐伊藤过程的假定下，给出了过程的均值函数和协方差函数的同时非参数估计，在此基础上得到了贝塔（Beta）系数的非参数估计。肖庆宪和茆诗松（2002）提出了汇率期权的全价模型及其参数估计方法。刘忠和茆诗松（2003）研究了时间序列模型下条件方差函数的非参数估计，对核估计和局部多项式估计给出了确定窗宽的 M 图方法，并给出了时间序列模型下衍生证券定价的风险中性调整方法。王乃生和茆诗松（2004）基于贝叶斯方法提出了预测未来收益状况的新的风险值，并讨论了其性质与特点。

除上述四个方向外，茆诗松先生还在抽样检验、统计过程控制等方向开展了研究和推广。例如，在破坏性试验和高成本试验中，如何减少检验的样本量是一个非常重要的问题。针对序贯概率比检验（SPRT）无法控制样本量等不足之处，在茆先生的指导与参与下，濮晓龙等（2006a，2006b，2007）提出了（二次）序贯网图检验方法。与国际公认的抽样标准 IEC1123 所建议的截尾 SPRT 方法相比，该方法平均减少了 30% 以上的检验样本量，显著地降低了产品检验成本，相关成果荣获 2006 年省部级科技进步奖一等奖。

茆诗松先生注重与各界的广泛交流与合作。他先后赴苏联莫斯科大学，美国马里兰大学、威斯康星大学麦迪逊分校和乔治·华盛顿大学，加拿大滑铁卢大学和渥太华大学，以及香港理工大学等高校访学交流。为加强各界交流，在 1980 年向教育部提交的《关于我校数学系增设“数理统计专业”的报告》中，魏宗舒先生和茆诗松先生等就已提议创办数理统计方面的学术刊物。1982 年，中国概率统计学会第一届年会召开，会议决定创办《应用概率统计》期刊，由中国概率统计学会负责主办，华东师范大学筹办编辑部。1985 年，《应用概率统计》创刊号正式出版。茆先生分别于 1985—1988 年和 1992—1996 年担任该刊物副主编。至今，这本刊物仍是国内统计学交流的一个重要平台。

茆先生积极推动与产业界深层次的交流。1988—1993 年，茆先生与同事每隔三周会于周日来到魏宗舒先生家中，与工厂的工程师们共同开展“统计应用研讨班”，主要讨论工厂人员遇到的实际问题（例如，样本量的确定），也会介绍一些新兴的统计学方法。这个研讨班在工程师与教师之间架起了桥梁，起到了沟通和促进统计应用的作用。茆先生与其合作者解决了实际领域诸多问题，例如，针对低压电机、滚动轴承、传感器等产品的寿命试验数据分析作了专门的研究（如: 王坚永等，1979，1980; 杨士特等，1990; 师忠秀和茆诗松，1993; 茆诗松等，1993; 刁成山等，1995）。茆先生曾说: “搞数理统计不能闭门造车，只有真正应用到生产实践领域，才能体现出它的价值，让数理统计真正在中国生根。”同时，茆先生在《质量与可靠性》《上海质量》《数学教学》《数学通报》等杂志发表了关于数理统计、可靠性统计、统计过程控制等系列科普性文章，进一步加强了交流与推广。

作为中国数理统计教育的先驱者和领路人，茆诗松先生高瞻远瞩，提出的数理统计人才培养建议被教育部采纳。茆先生锐意创新，敢为天下先，创办了华东师范大学数理统计本科专业（1983 年，为国内首批三个数理统计本科专业之一），建立了全国首个数理统计系（1984 年）。在茆先生的带领下，华东师范大学数理统计于 1987 年被教育部确定为高等学校重点学科。面对数理统计师资紧缺和产业界急需统计人才等问题，茆先生带领教师们积极开展各类人才培养，举办助教进修班、暑期师范院校教师培训班、数理统计职工专修班和在职人员“现代统计质量管理研究生课程进修班”等。茆先生潜心育人，先后指导了 20 位博士研究生和 55 位硕士研究生，曾获得上海市育才奖（1997 年）、宝钢优秀教师奖（2001 年）等荣誉。

20 世纪 80 年代，受教育部委托，茆诗松先生牵头组织国内专家编写和出版了首套较为系统的数理统计教材。1994 年，茆先生卸任系主任之后，更加倾力投入教材与译著编写工作。茆先生编著的教材被广大读者誉为“茆书”，其数量之多、影响之广，在中国数理统计界首屈一指。茆诗松、程依明和濮晓龙共同编著的《概率论与数理统计教程》于 2004 年出版，是国内最具影响力的本科生教材之一，入选国家级规划教材和国家精品教材，第一版荣获 2007 年上海市普通高校优秀教材一等奖，第三版荣获 2021 年首届全国教材建设奖全国优秀教材一等奖（我国教材领域最高奖）。茆诗松、王静龙和濮晓龙共同编著的研究生教材《高等数理统计》，是全国非常有影响力的研究生教材之一，为教育部推荐研究生教学用书，被教育部统计学学科评议组推荐为统计学经典著作，获 2001 年上海市优秀教学成果二等奖。茆诗松和周纪芗共同编著的《概率论与数理统计》获 2001 年国家统计局第四届全国高等学校优秀统计教材奖和 2002 年全国普通高等学校优秀教材一等奖。茆诗松和王静龙共同编著的《数理统计》获 1995 年国家统计局优秀教材奖和 2001 年上海市优秀教材奖。茆诗松所著的《贝叶斯统计》，以及周纪芗和茆诗松共同编著的《质量管理统计方法》均获 2001 年国家统计局优秀统计教材奖。茆诗松、刘忠和皮六一编写的案例“股民持股市值的概率分布”入选《统计学案例教材》，该教材获第五届全国统计科研优秀成果三等奖。

2001 年，我国建立质量专业技术人员职业资格考试制度，时年 65 岁的茆先生又忙碌起来，积极参与相关教材的编写和审查，参与出版了《全国质量专业技术人员职业资格考试用书》（分为初级和中级）和《六西格玛核心教程: 黑带读本》等，并参与翻译了《注册可靠性工程师手册》。针对工程师学习概率论和数理统计的需求，按照强化应用的想法，茆诗松和周纪芗共同编著了《工程统计学》，于 2018 年出版，时年茆先生 82 岁。

铁塔永固，思念无绝; 河水泱泱，此情不息; 斯人已逝，精神永存。茆诗松先生一生教书育人、光明磊落。他始终以国家发展和社会进步为使命，以统计学发展为己任。先生的一生将永远激励着我们砥砺前行、永不放弃。唯有传承先生的精神，积极投身于国家建设，努力推动民族和社会发展，才是对先生最好的致敬!

● 2　诗样人生，松柏精神[①]

茆诗松老师 1936 年 8 月出生于安徽省巢县，1954 年参加高考，带着对理工科的热爱进入华东师范大学数学系学习。1958 年，茆老师毕业后留在数学系工作，进入数学分析教研室，开启了事业的旅程。

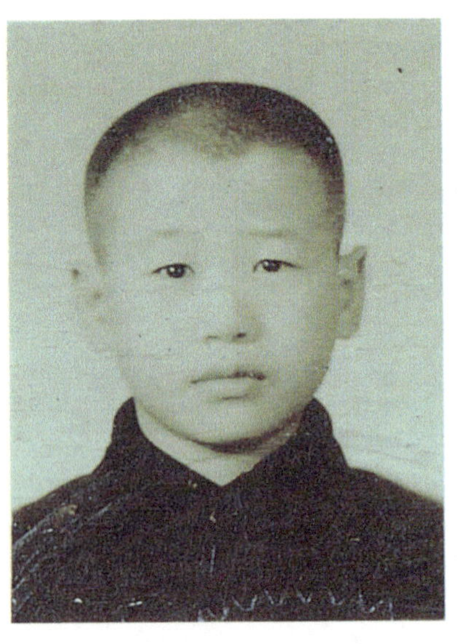

儿时与华东师范大学求学时的茆老师

2.1　欣然领命，结缘统计学

在茆老师留校工作之初，数学系并未安排他上课，而是希望他与其他几位年轻老师一同探索当时在国内几乎还是空白的概率论和数理统计。茆老师欣然领命，一头扎进了概率论的学习。虽然系里委派留美归国的统计学博士魏宗舒先生为大家上

① 本文主要内容转载自中国概率统计学会微信公众号（2023-02-12），作者：李艳（华东师范大学统计学院）。

课，但讲授的是抽样方法和保险统计，因而实际上是没有老师指导学习概率论的，只能靠几位年轻人自学。茆老师等部分老师组建了讨论班，共同研读苏联学者格涅坚科所著的中译版《概率论教程》。茆老师曾描述那一段经历：“像天书一样难啊！我们几个年轻人经常为了一个题目争论得面红耳赤！”1960 年，数学系成立概率论教研室，茆老师成为教研室首批教师。就这样，茆老师“闯”入了概率论与数理统计的天地，虽举步维艰，但执着坚守了六十余载。至耄耋之年，茆老师虽长期被病痛折磨，但一提起统计学，他便神采奕奕、滔滔不绝！“统计学就是他的命”，茆老师的夫人感慨道。

2.2 三次留学，求索统计学

1959 年下半年，囿于国内概率论与数理统计的学习条件，学校决定派茆老师赴苏联进修。大约在 1960 年初，茆老师到北京外国语学院留学预备部学习俄语。一年多后，因中苏关系紧张，留学暂无着落，茆老师结束了俄语学习，回到学校担任助教，等待留学通知。幸运的是，苏联后来仍接纳数学等专业的中国留学生，茆老师得以于 1961 年 9 月赴苏联学习。临行前，他先到北京，拿着国家发放的 600 元“制装费”，兴致勃勃地置办了一身行头。随后，他与其他几十位留学生经蒙古国抵达莫斯科。

国家安排给茆老师的任务是学习概率论的一个分支——信息论，主要研究通信中的数学问题。于是，茆老师进入了莫斯科大学概率论与数理统计教研室，在达布罗辛老师的指导下学习信息论。在苏联期间，茆老师先是阅读了美国概率论学家威廉·费勒所著的《概率论及其应用》，待将书中的题目全部做完，他感觉开始慢慢懂得概率论了。在苏联学习了一年后，导师给了他一个研究问题，茆老师思索了很长时间，终于在一天夜里突然间想通了关键之处，就立即起身写出来。茆老师的第一篇论文《对称无记忆信道传输信息中错误概率的渐近估计》（俄文）发表在 1965 年第 1 期《概率论及其应用》（苏联杂志）上，这是茆老师的第一篇论文，用茆老师的话讲，这是他向祖国的一份汇报。1963 年 7 月，留学期限已到，茆老师从苏联回到祖国。在近两年的留学中，茆老师完整地接受了概率论的系统教育，并且有机会阅读被翻译成俄文的其他国家专业书籍，这些为他今后的数理统计事业打下了坚实的基础。

1984 年 12 月至 1986 年 3 月，茆老师先后在美国马里兰大学和威斯康星大学麦迪逊分校作访问学者。在威斯康星大学麦迪逊分校时，茆老师与吴建福教授一起研究试验设计。学校为访问学者配备了计算机，茆老师与同为访问学者的马逢时老师结伴，每天早出晚归“泡”在办公室中，为了研究问题不停地计算。他们通常是算出一部分结果后，立即查看、思索，然后修改程序并继续计算，整个过程反反复复，异常辛苦。1991 年 10 月至 1992 年 3 月，茆老师作为访问学者赴加拿大，再次与吴建福教授合作研究。这些访学经历使得茆老师在试验设计等方面的科研水平得到了很大提升。

2.3 为国之需，推广应用统计学

1963 年 7 月，茆老师从苏联留学归国并回到了母校，他非常强烈地希望将所学的信息论知识运用到诸如密码通信等方面。校党委书记兼副校长常溪萍得知后，亲自带着茆老师拜访了上海一些单位寻求合作研究，但因信息编码保密性强，茆老师没有机会施展拳脚，应用信息论的尝试以失败告终。

1965 年春，茆老师带领 1965 届学生到洛阳轴承研究所，基于轴承寿命实际数据，研究轴承随机缺陷和寿命分布估计方法，这是茆老师在较早时期开展的统计学应用工作。也许正是从那时起，茆老师体会到了应用统计学为社会服务的乐趣。按他自己的话来说："能从一大堆杂乱无章的资料中，理出个头绪，进而总结出规律，那种成就感很难用语言来形容。"大约自 1975 年开始，茆老师开展了更多可靠性方法的推广应用工作。他和教研室的几位老师参与了由第四机械工业部牵头的产品可靠性标准制定。他们先是合作完成了《寿命试验和加速寿命试验数据处理方法标准》（为国家标准 GB/T2689—1981 的基础），获第四机械工业部科技成果一等奖，同时获国防科工委重大技术改进成果二等奖。之后，针对彩色电视机寿命试验周期长、成本高的问题，考虑到企业拥有长期积累的试验数据，茆老师提出采用贝叶斯方法，提出了《彩色接收器寿命试验贝叶斯方法》（为国家标准 GB/T9382—1988 的基础），获电子工业部科技进步奖一等奖。1992 年，茆老师参与完成的《正态分布区间估计系数表》获航空航天工业部科技进步奖二等奖。

"文化大革命"期间，茆老师曾到工厂里劳动。他一边干着体力劳动，一边思考如何以所学为国家服务。当时，他正好看到日本学者田口玄一所著的《试验设计》，于是想到可以把试验设计方法运用到工厂中来，以减少试验次数，提高试验效率。自 1972 年起，茆老师与教研室的老师们一边学习正交试验方法，一边主动到工厂推广应用。他首先来到上海橡胶厂，希望可以协助优化橡胶配方试验。厂长虽同意先由茆老师为工程师们讲解正交试验方法，但最后却表示从来没听说过这种方法，不敢用。第一次尝试没有成功，但茆老师并未放弃，继续联系其他橡胶厂，一次又一次地去厂里沟通交流，并明确表示完全免费提供技术支持，旨在提高产品质量，增加效益。茆老师的诚意最终得到了接纳，他和老师们经过现场调研和试验之后，成功指导工厂解决了橡胶配方的优化问题。之后，茆老师和教研室的老师们继续奔走联络各类工厂和研究所。功夫不负有心人，在老师们悉心指导下，上海第三制药厂、上海钢铁研究所、上海橡胶制品研究所、上海橡胶二厂、上海农药厂、量具刃具厂、七宝酒厂和多家化工厂等单位，陆续开始应用正交设计方法，并成功解决了诸如抗生素新菌株的选择与新工艺参数的确定、合金钢与玻璃膨胀系数的匹配、军用橡胶件的配方等问题。

茆老师还积极推动与产业界深层次的交流。1988—1993 年，老师们与工厂的工程师每隔三周会于周日在魏宗舒先生家中开展“统计应用研讨班”，主要讨论工厂人员遇到的实际问题（例如，样本量的确定等），同时也会介绍一些新兴的统计学方法。这个研讨班在工程师与教师之间架设了桥梁，起到了沟通和促进统计应用的作用。回忆起这些经历，茆老师曾感慨：“搞数理统计不能闭门造车，只有真正应用到生产实践领域里，才能体现出它的价值，要让数理统计真正在中国生根。”

茆老师和教研室的老师们也积极为政府部门及相关单位提供支持。例如，1979 年老师们承担了上海商品检验检疫局委托课题，研究小麦抽样检验质量鉴定问题。老师们还曾参与上海市气象局的台风路径预报等工作，为华东电管局、上海化工局、冶金局和机电局等单位的员工讲授统计学方法。

2.4 创建数理统计本科专业和数理统计系，推动统计学

20 世纪 70 年代，国内高校的统计学专业大部分仍依循政府统计体系，将统计学视为社会学科，数据全部按政府系统自下而上层层上报和汇总。茆老师感觉到，这种类型的统计学专业已不能适应市场经济的需要了。与此同时，西方各类统计学方法不断被提出和完善，大大促进了西方的工业、农业、军事和科学技术的发展。另一方面，到 1980 年，我校概率论与数理统计教研室已有教授 1 名，副教授 2 名，讲师 9 名，助教 5 名。教研室除培养研究生外，还为有关部门举办了各种类型的短训班。教研室先后为工厂和研究所解决了一批实际问题，在推广应用统计学方面产生了一定的影响。此外，教研室还出版了一些数理统计方面的书籍，编写了一些教材。在此基础上，魏宗舒先生和茆老师等认为我校已经基本具备了成立数理统计专业的条件。

在此背景下，茆老师联合其他几位老师，向数学系和学校提出设置数理统计专业的想法，得到了数学系系主任和校长的支持。1980 年 12 月，学校向教育部提交了《关于我校数学系增设“数理统计”专业的报告》。但在报告送至教育部后的两年多时间内毫无声息，其间我校多次去教育部问询，得到的答复是：这（数理统计专业）是非师范专业，你们应努力办好师范专业。我们的回答是：我们还有余力，想多为国

家办新专业，为国家多培养一些急需人才，希望考虑教师的积极性。最后，教育部要求学校继续等消息，等机会。

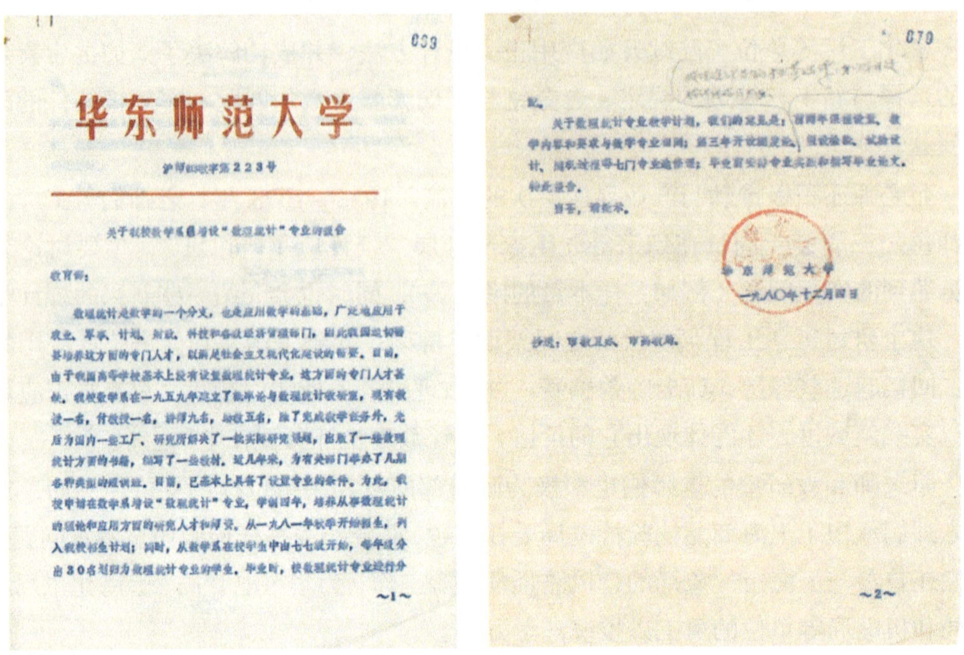

华东师范大学

沪师(80)教字第223号

关于我校数学系增设"数理统计"专业的报告

教育部：

数理统计是数学的一个分支，也是应用数学的基础，广泛地应用于农业、军事、计划、财政、科技和各级经济管理部门，因此我国迫切需要培养这方面的专门人才，以满足社会主义现代化建设的需要。目前，由于我国高等学校基本上没有设置数理统计专业，这方面的专门人才奇缺。我校数学系在一九五九年建立了概率论与数理统计教研室，现有教授一名，副教授一名，讲师九名，助教五名，除了完成教学任务外，先后为国内一些工厂、研究所解决了一批实际研究课题，出版了一些数理统计方面的书籍，编写了一些教材。近几年来，为有关部门举办了几期各种类型的短训班。目前，已基本上具备了设置专业的条件。为此，我校申请在数学系增设"数理统计"专业，学制四年，培养从事数理统计的理论和应用方面的研究人才和师资。从一九八一年秋季开始招生，列入我校招生计划；同时，从数学系在校学生中由七七级开始，每年级分出30名划归为数理统计专业的学生。毕业时，按数理统计专业进行分

~1~

配。

关于数理统计专业教学计划，我们的意见是：前两年课程设置、教学内容和要求与数学专业相同；第三年开设测度论、[illegible]、试验设计、随机过程等七门专业选修课；毕业前安排专业实习和撰写毕业论文。特此报告。

当否，请批示。

华东师范大学

一九八〇年十二月四日

抄送：市教卫办、市高教局。

~2~

1980 年，华东师范大学向教育部申报设立数理统计专业

与此同时，中国统计协会的代表们受邀参加国际统计学会年会，认识到了中国统计与西方统计的巨大差距，认为中国统计要改革。1983 年教育部科技司征询国际上新兴学科发展情况，魏宗舒、茆诗松、周纪芗、吕乃刚四位教师向教育部科技司递交了《“数理统计”情况的调查报告》，建议在有条件的高校分批设立数理统计专业和数理统计系，并在全国出版数理统计杂志。该报告被科技司编印为《对科技规划的建议（第 0006 号）》散发到教育部各司局参阅。这份报告为上下沟通认识起到了桥梁作用，也为在我校设置数理统计专业提供了舆论准备。

以上事件使教育部认为在高校设置数理统计专业的时机成熟了，故在 1983 年 7 月决定在华东师范大学、复旦大学和南开大学设置数理统计专业，并即刻招生。实际上，南开大学的数理统计专业与国家统计局共建，复旦大学的数理统计专业与上海市统计局共建，都有专项建设经费支持。唯有我校的数理统计专业没有共建单位，也无任何校外经费支持，完全是老师们开辟的新天地，其中的艰辛可想而知。当年 9 月，我校招收首届数理统计专业本科生共 43 人。建立数理统计专业后，如何培养数理统计人才成为一个重要问题。1984 年，应教育部高教一司邀请，茆老师参加座谈，提出了发展数理统计教育的建议。

中华人民共和国教育部

关于印发《数理统计教学讨论会纪要》的通知

（84）教高一司字086号

各省、自治区、直辖市高教（教育）厅（局），有关高等学校

今年九月我部在杭州召开了数理统计教学讨论会。现将会议纪要（附件一）和几位专家《对发展数理统计教育的建议》（附件二）印发给你们，供参考。

在我国，数理统计还是一门薄弱学科，数理统计的应用十分广泛，国家经济建设对数理统计人才的需要将会逐渐增多。建设一支适应四化建设需要的数理统计学科队伍，提高学术水平，培养适合我国实际需要的各类数理统计人才，是一项迫切任务。希望有关教育领导部门和高等学校对这个学科的建设、发展和提高；人才培养等工作给予应有的重视。

当前，除了在少量学校设置数理统计本科专业外，还需要通过多种渠道，对现有师资进行培训、提高，希望有条件的学校以招研究生班或联合招研究生班的方式，加速培养年轻师资；加强教师的应用实践。

附件一、数理统计教学讨论会纪要

二、对发展数理统计教育的建议

教育部高教一司

一九八四年十月十二日

抄送：国家统计局、中国科学院系统科学研究所、应用数学研究所

附件二

对发展数理统计教育的建议

1984 年，教育部高教一司印发茆老师等提出的发展数理统计教育的建议

数理统计专业成立后遇到的第一个问题就是成果的评价问题。数学传统的评价主要标准是演绎推理，难度愈大水平愈高。统计不仅要看演绎推理能力，还要看归纳推理能力，更要看解决实际问题的能力。这两种评价标准在教师升等考核中经常会发生碰撞。为了避免此种碰撞，使数理统计专业能健康发展，教研室的老师们提出将数理统计专业从数学系分离出来，独立成系，直属校部领导。校领导和数学系领导都表示非常支持。1984 年 12 月 29 日，我校数理统计系宣告成立，这是我国第一个数理统计系。恰逢茆老师在美国访学，系主任暂缺，于是学校任命副系主任周纪芗主持工作，1986 年，茆老师回国后被任命为第一届数理统计系系主任。从数学系中独立出来建立数理统计系的这一举措在我国数学界产生了积极影响。

华东师范大学数理统计系成立

1984年12月29日，我国第一个数理统计系在上海华东师范大学正式宣告成立。它体现了党的高等教育体制改革的精神，也实现了我国数理统计工作者长期愿望。

数理统计学是研究如何以有效的方式去收集、整理和分析受到随机性影响的数据，以对所考虑问题作出推断、预测、直至为采取决策和行动提供依据或建议的一门学科。由于许多数理统计方法已在生产、管理、科研和生活等各领域内得到广泛的采用，数理统计学在理论、方法及其应用上都有较大的发展。党中央提出的经济体制改革迫切需要大量掌握数理统计方法的人才。

华东师范大学数理统计系培养高等和中等院校的概率论与数理统计方面的教师、数理统计的实际工作者和现代化管理人员。该系师资力量雄厚，富有经验，并有权授予硕士学位。目前已经招收的有硕士研究生、研究生班、进修教师、四年制本科生以及为上海市经委专门培养的两年制干部专修班。此外数理统计还承担数理统计方面的理论、方法和应用课题的研究任务。目前正在研究的方向有估计理论、极限理论、多元分析、试验设计、可靠性、经济预测、生物统计、鞅论、随机力学等。

该系针对不同层次学生开设的主要课程有数学分析、线性代数、微分方程、实变函数、复变函数、计算方法、算法语言、概率论、数理统计概论、随机过程、回归分析、多元分析、试验设计、可靠性数学、抽样调查、时间序列分析、质量管理、企业管理、运筹学等；另外还开设经济学、计量经济学、人口学、生物学、拓扑学、泛函分析、数据处理、极限理论、测度与概率基础、随机力学、力学与电学等选修课。统计实习在每门统计课的教学中都占有一定的比重。

该系还设有统计实验室。除了加强统计实习课和培养学生使用电子计算机的能力外，还承接各单位的数理统计和现代化管理的应用课题，为国民经济各部门培养有关数理统计和现代化管理的各种层次的对口人才，研究生班、进修生班、本科生、专科生和某一专题的短训班。

（本刊通讯员）

1984 年，《数理统计与管理》报道：华东师范大学数理统计系成立

除了培养全日制本科生和研究生，数理统计系还举办了助教进修班和暑期师范院校教师培训班。此外，上海市经济委员会质量处与当时的数学系合作，自 1982 年起开办了四届两年制全脱产的数理统计职工专修班，学员经过成人高考入学，毕业后回到原单位，成为企业质量管理的骨干。2002 年 9 月至 2004 年 7 月，我校与上海质量管理科学研究院合作举办在职人员“现代统计质量管理研究生课程进修班”，学完两年课程后有部分学员完成毕业论文，通过硕士论文答辩，获得硕士学位。在魏宗舒先生和茆老师等人的带领下，数理统计系的人才培养工作开展得有声有色。当时，由于师资力量薄弱，教师们的工作相当繁重，茆老师作为带头人，付出的时间和精力也相当之多。茆老师潜心育人，获得了上海市育才奖（1997 年）、宝钢优秀教师奖（2001 年）等。

在茆老师的带领下，全系教师齐心协力，做好人才培养工作的同时也努力推进科研工作，在随机过程、多元分析、可靠性统计、应用统计等方向都取得了卓越的学

术成果，在全国处于领先地位。1987 年，我校数理统计被教育部确定为高等学校重点学科。

2.5 著书创刊，传播统计学

对于著书立作，茆老师一直情有独钟，这背后其实有着一份情怀："我刚接触概率论的时候，苦于没有书读。我在国内读了两年，到苏联读了两年，才基本搞懂概率论。我觉得不能让中国的青年再走这条曲折路，所以我要把自己对概率论和数理统计的了解和认识告诉中国年轻人，让他们在短时期内，花半年到一年的工夫就能够掌握这门学科的基础。"

1963 年，茆老师从苏联回来后，在数学系开设了概率论课程。当时概率论教材稀缺，只有一本翻译教材《概率论教程》，但由于起点较高，不适宜作为本科专业教材。为了使教材结合中国实际，茆诗松把在苏联学习时看到的有趣例子编写进教材，并加上自己的体会，边教学边自编，编写一段后就交给魏宗舒先生审阅修改，然后再给学生们使用。茆老师还特意在书中留了空白，让学生写体会。这本教材最终并未出版，仅作为教学之用。

茆老师参与编著的部分教材

教育部于 1984 年在杭州召开数理统计教学座谈会，着重指出，组织国内专家编写和出版一套数理统计教材是当务之急，并委托茆老师负责此事。茆老师首先梳理了教材编写体系，认为国外的教材难度较高、理论性太强，直接引进或翻译国外教材并不合理。于是，茆老师邀请各高校专家合作编写了一套“数理统计丛书”，根据老师们教学的情况来设计教材，同时也参考国外教材，并且用通俗化的语言表达统计学方法、原理及其应用。从 1986 年开始，先后出版了八本教材：《数理统计》（茆诗松、王静龙）、《随机过程导论》（何声武）、《回归分析》（周纪芗）、《试验设计》（王万中）、《非参数统计》（陈希孺、柴根象）、《实用多元统计分析》（方开泰）、《时间序列分析》（安鸿志）、《基本统计方法教程》（傅权、胡蓓华）。这套教材出版后受到高校欢迎，解决了应急之需。

在 1980 年向教育部提交的《关于我校数学系增设“数理统计”专业的报告》中，魏宗舒先生和茆老师等就已提议创办数理统计方面的学术刊物。1982 年，中国概率统计学会第一届年会召开，会议决定创办《应用概率统计》，由中国概率论统计学会负责主编，华东师范大学筹办编辑部。校长袁运开表示大力支持，并为编辑部设置了一个专职编制，且编辑部的运作经费由我校支持。此外，办学术刊物在经济上其实是亏损的，每年约亏 2 万元，袁校长表示杂志发行后的亏损经费可由我校支付一半，另一半则请学会设法解决。但是，由于学会方面的资金来源无法按时汇达，编辑部不得不在上海各组织寻找资助。为此，茆老师花了不少精力，四处寻求资助。其间，上海翻译出版公司资助四年，上海市质量协会资助三年，上海的一个公司也资助了 2 万元，之后又收取版面费，就这样杂志渡过了难关。直到华东师范大学出版社有了盈余后，对这本杂志全额资助，才解决了后顾之忧。

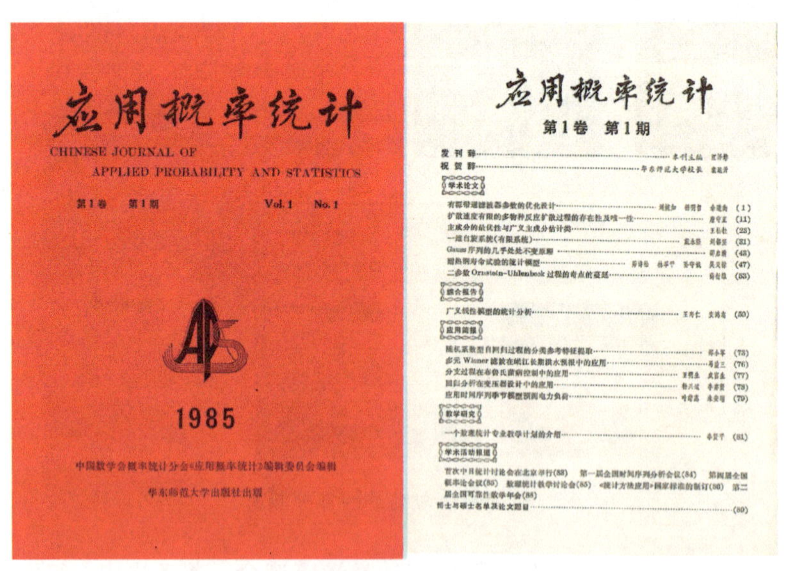

1985 年，《应用概率统计》创刊号出版

2.6 时间都去哪儿了

投身教育六十余载，从统计学门外汉成长为知名数理统计学家，从一名青年教师到华东师范大学“终身教授”，时间都去哪儿了？茆老师在一次采访中，轻抚着一张张代表着“桃李满天下”的毕业留影，动情地说：“我的时间都在这儿！”

2006 年，茆老师赴闵行校区与本科生座谈。座谈会后，学生们向茆老师敬献了书法作品“诗样人生，松柏精神”——丰盈多姿、大爱无疆，茆老师的时间总是这样与年轻学子相遇。如今，茆老师已驾鹤西去，他的时间定格在了 2023 年 1 月 16 日 14 时 1 分；他的时间也将继续在一代代统计学人的思想、语言和文字中流淌延续……

光阴荏苒，带不走我们对茆老师的敬爱与怀念。

致谢：衷心感谢茆诗松教授夫人严惠萍老师，以及华东师范大学周纪芗、王静龙、濮晓龙、曾林蕊等几位老师提供材料并审阅全文、提出宝贵意见！

参考文献

[1] 茆诗松: 中国数理统计的开拓者 [M]//汤涛. 丽娃记忆: 华东师大口述实录: 第二辑. 上海: 上海三联书店, 2016.

[2] 陈志杰, 等. “文革” 前的概率论教研组. 收入华东师范大学老教授协会数学分会主办《往事与随想》.

[3] 华东师范大学统计学院. 茆诗松教授口述实录. 内部材料, 2018.

[4] 茆诗松. “魏宗舒”[M]//程民德. 中国现代数学家传: 第五卷. 南京: 江苏教育出版社, 2002: 138-148.

[5] 茆诗松. 概率统计界的老前辈——记魏宗舒教授 [G]//华东师范大学老教授协会. 师魂: 华东师范大学老一辈名师. 上海: 华东师范大学出版社, 2011.

[6] 茆诗松. 我国数理统计学的一位奠基者——记魏宗舒教授 [J]. 高等数学研究, 2017, 20(4): 122-125.

[7] 茆诗松. 三十而立——统计学专业的建立与发展 [G]//华东师范大学老教授协会. 文脉: 华东师范大学学科建设回眸. 上海: 华东师范大学出版社, 2017.

[8] 王志. 惟其磨砺，方得玉成——采访茆诗松教授有感. 内部材料, 2020.

[9] 严钦. 数据人生 [J]. 质量与标准化, 2014(3): 17-20.

[10] 朱利平. “立德树人” 成效显著——茆诗松教授数理统计教材建设与人才培养. 内部材料, 2023.

• 3　茆诗松先生主要荣誉与奖励

3.1　获奖情况

- 1990 年 5 月，上海市仪表电子工业质量管理协会评选茆诗松先生为质量工作积极分子。
- 1991 年 6 月，华东师范大学授予茆诗松先生“华东师范大学先进科研工作者”称号。
- 1993 年 10 月，荣获华东师范大学 1993 年度万国证券奖教金二等奖。
- 1993 年 11 月，中国质量管理协会授予茆诗松先生“全国优秀质量管理工作者”称号。
- 1996 年 3 月，茆诗松、王静龙主编的《数理统计》获 1995 年上海普通高等学校优秀教材二等奖。
- 1997 年，获上海市育才奖。
- 1999 年 12 月，茆诗松、周纪芗编写的《概率论与数理统计》获国家统计局第三届全国高等学校优秀统计教材奖。
- 2001 年 12 月，茆诗松、周纪芗编写的《概率论与数理统计（第二版）》获国家统计局第四届全国高等学校优秀统计教材奖，并获 2002 年全国普通高等学校优秀教材一等奖。
- 2001 年 12 月，茆诗松、王静龙、濮晓龙编著的《高等数理统计》获校教学成果一等奖、上海市优秀教学成果二等奖。
- 2005 年，在中国质量协会和中华全国总工会联合组织的首届“中国杰出质量人”评选中茆诗松先生当选为“中国优秀质量人”。
- 2007 年 10 月，由上海市质量协会授予茆诗松先生上海白玉兰质量贡献奖。
- 2021 年 7 月，茆诗松、程依明、濮晓龙编著的《概率论与数理统计教程（第三版)》获首届全国教材建设奖全国优秀教材一等奖。

3.2 受聘情况

- 1983 年 8 月，教育部聘请茆诗松先生为《1986—2000 年科学技术发展规划》教育部数学规划组成员。
- 2001 年 12 月，全国统计教材编审委员会聘请茆诗松先生为第四届全国统计教材编审委员会顾问。
- 2003 年 7 月，茆诗松先生被聘请为上海期货交易所博士后科研工作站学术指导专家。
- 2005 年 7 月，上海质量管理科学研究院聘请茆诗松先生为终身研究员。

3.3 学术团体任职情况

- 任第三届、第六届中国概率统计学会副会长。
- 1993—2008 年，任上海市质量协会（原名“上海市质量管理协会”）副会长。
- 1997—2009 年，任上海市质量技术应用统计学会（前身“上海市现场统计研究会”）理事长。

● 4　茆诗松先生部分照片

1958 年 6 月，茆先生从华东师范大学毕业

1958 年，茆先生（右一）在炼焦厂劳动锻炼

1960 年，茆先生出国前在天安门广场

1961 年，茆先生在苏联红场

1963 年 2 月，茆先生从苏联归国

1965 年 3 月，茆先生与夫人严惠萍女士结婚照

1979 年，严加安（前排左一）、成平（前排右一）来华东师范大学讲学，与茆诗松（后排左一）、魏宗舒（前排左二）、郑伟安（后排右二）等合影

1980 年，茆先生（前排左八）为华东电管局员工举办可靠性理论学习班

1981 年，为师范院校进行教师培训的数理统计系部分教师合影，后排左起茆诗松、魏宗舒、吕乃刚；前排左起周纪芗、何声武

1981 年，茆先生（前排左八）与安庆师范学院联合举办概率统计讲习班

1984 年，茆先生（前排右八）与数理统计专修班师生合影

1984 年，刁锦寰先生在访问华东师范大学期间与茆先生（前排右一）、魏宗舒先生（前排左一）、王玲玲、吕乃刚、王静龙等老师合影

1985 年，茆先生（左一）在威斯康星与中国留学生在一起

1985 年 12 月，茆先生（左）与博克斯（George E. P. Box）（中）在一起

1985 年，茆先生（右）在美国拜访刁锦寰先生

1986 年，茆先生（左）在威斯康星大学麦迪逊分校与邵军（右）合影

1986 年，茆先生（左一）与全国研究生数理统计命题小组合影

1986 年，茆先生与硕士毕业生合影，前排左起吕乃刚、茆诗松、魏宗舒、林举干、何声武；后排左起张雪野、周玉丽；后排右起周纪芗、蒋威宜

1986 年，茆先生（中排右五）与 1984 级数理统计系研究生班毕业合影，中排右六是魏宗舒先生

1987 年，茆先生（前排右六）参加中国电子学会讨论会

1987 年，茆先生（前排左五）与数理统计系干部专修班合影

1987 年，茆先生（前排左六）与 1983 级本科生毕业合影

1987 年，茆先生（前排右八）与数理统计系首届本科生毕业合影

1987 年，茆先生（前排左六）与 1986 级助教进修班师生合影

1987 年，茆先生（左三）主持华东师范大学数理统计系的首届本科生毕业典礼

1989 年 8 月，茆先生参加航空航天工业部技术成果报告会

1990 年 7 月，茆先生（右）与朋友胡善庆游黄山

1990 年，茆先生（第二排左五）参加全国可靠性理论与工程高级研讨会

1990 年，茆先生（左三）与好友邓永录、林忠民、费鹤良、史定华和曹晋华在一起

1991 年，茆先生在滑铁卢大学

1991 年，茆先生（左）与导师莫斯科大学达布罗辛教授合影

1993 年 7 月，吴建福教授来华东师范大学讲学期间与茆先生（左）合影

1994 年，茆先生（左三）参加序进应力加速试验统计分析及应用成果鉴定会

1995 年 8 月，茆先生在国际统计学会第 50 届会议上

1996 年 7 月，茆先生（右二）参加第一届海峡两岸统计学研讨会

1997 年，茆先生（左三）在桂林开会与薛留根、王启华、施锡铨和费鹤良等合影

1998 年，茆先生（后排左五）与统计系部分教师合影

1998 年，茆先生（前排左三）和统计系部分教师与博士毕业弟子合影

1999 年，茆先生（中）与郑伟安（右）、周纪芗（左）在讨论

1999 年 6 月，茆先生（右三）偕夫人与毕业博士弟子合影

2000 年，茆先生（右二）在新加坡白志东家里

2001 年，茆先生（右二）在香港中文大学访问期间与林野（左一）、王永雄（中）和范剑青（右一）合影

2005 年，茆先生（左二）七十华诞，被聘为上海质量管理科学研究院终身研究员

2005 年 6 月，茆先生（左六）和夫人与弟子们聚会

2005 年，茆先生 70 周岁与家人合影

2005 年，茆先生（前排右六）参加第五届全国统计教材编审委员会第一次会议

2005 年，茆先生（前排右六）参加全国高校统计学科建设与人才培养模式研讨会

2006 年，茆先生（中）赴闵行校区与本科生座谈

2007 年，茆先生（后排右一）参加第三届大学数学课程报告论坛

2008 年 7 月，茆先生（左四）参加中国工程概率统计学会年会

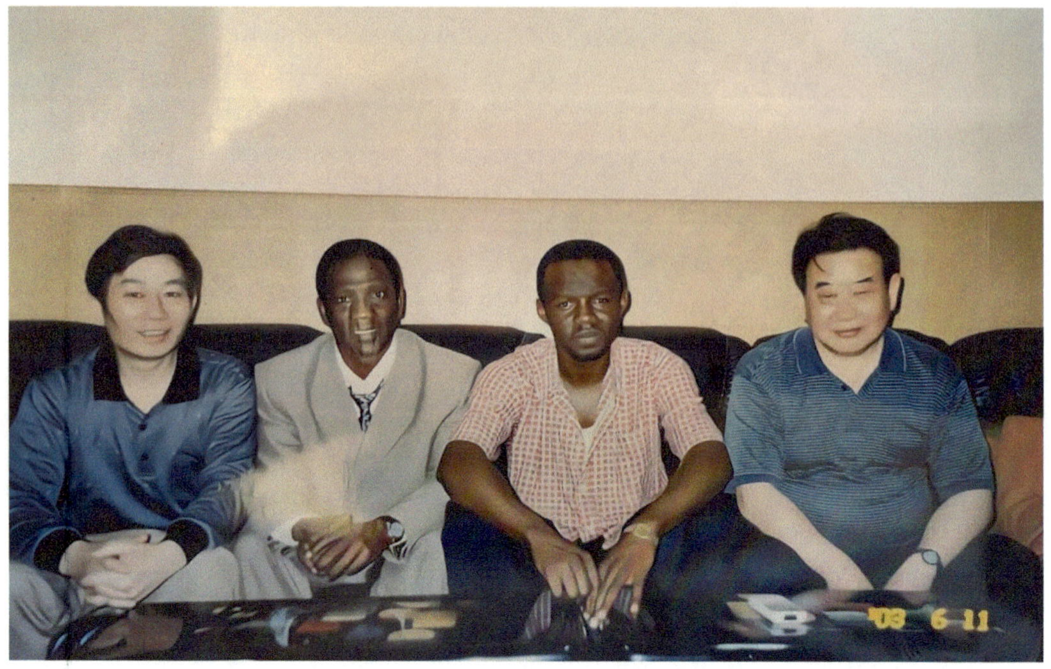

2008 年，茆先生（右一）与留学生合影

2011 年 10 月，茆先生（第二排右四）参加数理统计系 86 级毕业 21 年聚会合影

2011 年，茆先生（左二）在论坛上讲述“概率统计界的老前辈——记魏宗舒教授”

2011 年 6 月，茆先生（前排左五）参加客观贝叶斯国际研讨会

2013 年，茆先生（前排左四）参加贝叶斯模型选择国际研讨会

2016 年，史宁中看望茆先生，左起王静龙、史宁中、茆诗松、史定华

2018 年，马逢时和杨振海探望茆先生（前排左三）

2018 年 5 月，茆先生（前排左三）出席统计校友联谊会成立仪式，
统计学院部分退休教师合影

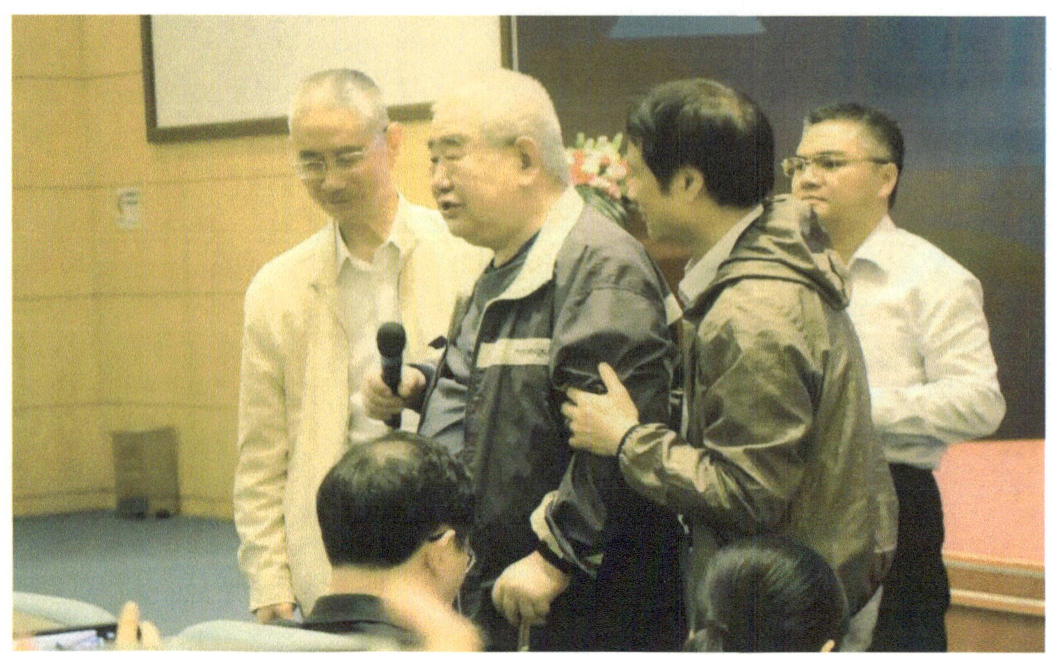

2018 年 5 月，在统计校友联谊会成立仪式上，茆先生（左二）
跟校友们回忆统计学专业的建设和发展

2019 年 1 月，茆先生与弟子们在学校逸夫楼合影

第二部分

茆诗松先生对统计学科的贡献

茆诗松先生为我国统计学科的发展作出了卓越贡献，作为该领域的奠基人之一，他引领了数理统计专业的创建与学科体系构建，力促统计学成为与数学并驾齐驱的一级学科，他始终倡导理论与实践紧密结合，表现出了高度责任感与非凡执行力，强调其与经济学、理学的交叉融合及计算机统计软件的应用，契合了社会经济发展需求。

茆诗松先生始终倡导理论与实践紧密结合，着力培养在校学生和社会在职人员的应用研究能力，聚焦解决实际问题，同时注重统计思维训练，尤其强调对“随机”与“分布”观念的深刻理解，其指导的研究生遍布海内外，研究成果涉及多个前沿领域，为我国统计学科的理论创新与应用拓展注入强劲动力。

茆诗松先生对统计学的深厚挚爱与执着追求，展现出崇高的职业精神，他一生献身于数据世界，视数据分析为专业尊重与自我价值实现之途，即使面临身体挑战，依然满怀热情地投身统计教育与研究，乐于为统计学科在生产实践中的应用付出辛劳，其敬业精神令人敬佩。

茆诗松先生以其深厚的学术底蕴、卓越的教育成就、对统计学实际应用的不懈推动，以及对统计人才的悉心培育，为中国统计学科的发展树立了丰碑，极大地提升了统计学在科学研究、经济社会管理及人才培养等方面的影响力与地位，对我国统计学现代化进程起到了决定性推动作用。

● 5 数理统计学科发展

茆诗松先生不仅对华东师范大学的数理统计学科，甚至对整个中国的数理统计学科的发展与应用都作出了巨大的贡献。从三篇茆诗松先生生前发表的教学文章、一篇茆诗松先生撰写的纪念魏宗舒先生的文章和两篇与茆诗松先生的纪实访谈文章中，我们可以较为完整地看到华东师范大学数理统计学科的发展历史，还可看到茆诗松先生一生对数理统计学科的热爱，以及为之奋斗和无私奉献的点点滴滴。在此全文收录与转载这些文章，以表达对茆诗松先生的尊敬与怀念，更希望我们能将茆诗松先生等老一辈统计学家的精神一代一代传承下去。

5.1 对发展数理统计学科的看法和建议[①]

数理统计是研究如何有效地收集、整理和分析受到随机性影响的数据，以对所考察的问题作出推断或预测，直至为采取决策和行动提供依据和建议的一门数学分支。建立在现代数学和概率论基础上的数理统计，近半个世纪以来，在理论、方法和应用上都有了较大的发展，已成为当前数学中最活跃的分支之一。

数理统计方法所研究的大都是现实世界中提出的实际问题，并直接为生产实践服务，促进了社会经济的发展。许多新兴学科，如经济数学、管理科学、可靠性统计、数学地质和教育统计等都是以数理统计作为基本理论和基本工具的，进一步发展数理统计将有利于促进这些跨学科的新兴学科的发展。

5.1.1 国内情况

近年来，我国在生产、管理、科研和生活等各个方面逐渐地应用了数理统计的方法，并取得了初步效果。在数理统计的各个分支，国内几乎都有人在从事研究，但就人数的多少和能力的强弱上，同发达国家相比差距还很大。在这些国家中数理统

① 茆诗松，高教战线，1984（1）：27-28。

计方法的应用已相当普及，可是国内还没有建立一个数理统计专业。国内主要研究各种统计方法的优良性质，但在解决实际问题上能力比较弱，付诸应用的较少。

“十年动乱”使我国的科学事业受到严重破坏，造成了统计界的落后状态，统计人才的短缺已成为一个突出的问题。在高等学校和一些中专学校中，数理统计教师严重缺乏，以至于在一些高校中，只能开设概率论课程，而不能讲授数理统计。从暑假开设的数理统计学习班的情况看，数理统计学愈来愈受到人们的重视，如去年暑期举办的一次数理统计学习班，报名人数近 500 名。这种短训班虽可解决一些暂时的矛盾，但一位真正的数理统计教师是要经过专门的严格训练（包括系统理论学习和统计实习培养）的。

要使数理统计方法能够在我国经济建设中得到广泛的应用，并迅速普及和推广，更需要大批经过专门训练的数理统计专业的高、中、初级人才充实到生产第一线和政府各部门，而目前我国这种专门人才是十分稀缺的。由于现有统计队伍的大部分人只能以收集数据为主，统计分析和处理数据的能力较弱，这就难以为决策和计划制定提供经过分析处理的各种数据。

5.1.2　加速培养数理统计专业人才

1. 积极创造条件使更多的高校设立数理统计专业。现在我们的一些高等学校，特别是一些重点高校不仅具备设立数理统计专业的师资条件，而且还有办这个专业的积极性。但由于种种原因，至今不能实现，这就需要教育部门通过调研，促进一些学校尽快建立数理统计专业。条件好的学校也可办成数理统计系，使得他们能够承担更多的培养统计人才的任务。
2. 逐步改革财经院校的统计系和统计学专业，使其培养出的人才更能适应四化建设的需要。要从办系的指导思想到课程设置上进行根本的改革，要增加以推断为主的统计学课程，充实一批数理统计教师到统计系和统计学专业中去。这些专业要办成文理结合的专业，现有的教师要努力提高自己的统计水平。
3. 在工科和农科高校中普遍开设数理统计课程。我们认为，一个工科或农科毕业的大学生，在掌握了自己专业的同时，还需掌握一些数理统计方法，并能处理所遇到的各种受随机性干扰的数据，这对他的工作是十分有利的，也可为国家创造更多的财富。要做到这一点，学校需要大量的数理统计教师。为了解决数理统计教师的缺乏问题，除多培养一些研究生充实以外，还可采取以下的措施：从现有的数学教师中抽一部分中、青年教师，用 1 到 2 年的时间举办数理统计培训班，主要学习各种数理统计方法，打好数理统计的基础，回校后，请他们结合各工、农科专业讲授数理统计知识。

4. 培养更多的数理统计专业的硕士生和博士生。在一些有权授予以上学位的单位要提高积极性，培养更多的人才，使他们成为今后若干年内发展我国数理统计学科的主要力量。就目前的状况看，此种研究生在数量上不会很多，增加速度也不会很快，但这种人才又都很急需。为此，可在一些高校举办二年制的数理统计研究生班，这是一种较快地培养数理统计教师的好办法。在两年内对数学系本科毕业生进行系统且严格的训练，使他们在毕业后的一两年内就能走上讲台，而毕业论文可在工作岗位上完成，通过答辩再授予硕士学位。这类的研究班可以在一所高校办，也可以聘请外校教师或者几所学校联合办。
5. 不断派遣研究生和访问学者到国外去学习和考察，特别是目前国内缺少的数理统计研究方向，更要积极地派人出国留学，这是借用国外高校培养我国数理统计人才的好办法，也是尽快缩短与国外差距的有效措施之一。如果能在最近十几年内，每年都有人出国，有人回国，就可以不断地了解国外新的动态，不断充实国内数理统计队伍。

5.1.3 建立数理统计研究队伍

目前我国数理统计专业人员很少，其中大部分在高校从事教学工作，只有少数从事研究工作。他们在极限理论、估计理论、多元分析、试验设计、质量管理、可靠性统计、计量经济和贝叶斯方法等方面的理论和应用上作出了贡献，为国家解决了一系列实际问题，其中有的成果还受到了国际上的重视。他们还培养了我国首批数理统计专业的博士和硕士。但我们的数理统计研究队伍与经济发达的国家相比差距还很大，主要表现在：（1）人数过少，以至于使一些四化建设迫切需要解决的问题无人研究，有些数理统计研究方向无人问津；（2）应用研究和理论研究的深度和广度还不够，水平亟须提高；（3）统计思想不活跃，很少能提出新的概念和统计方法；（4）研究手段落后，缺少计算机和国外文献资料。

为使我国数理统计队伍更健康、更迅速地成长，研究一下数理统计队伍的组成结构也是有益的。根据对国外统计队伍的分析，并结合我国的情况，我们认为统计队伍主要是由从事应用研究、方法研究和理论研究等三方面的人才组成，而前两种人才应占多数。现在我国这三方面的人才都十分缺乏，为了改变这种状况，特提出以下几点建议：

1. 对从事应用研究和方法研究的项目和人员从各方面给予支持。对其研究成果要从创造性和经济效益等方面给予正确的评价，并尽快地推广应用，用来解决实际问题。

2. 根据现有基础，逐步建立若干个数理统计研究所或研究室，形成应用研究和方法研究的中心，主要承担以下的任务：（1）国家重点项目的研究任务，全国性数据处理的工作，以及经济建设中提出的实际任务；（2）对各种实际问题进行咨询、推广和普及数理统计方法；（3）开发统计软件，并加以推广和应用；（4）培养数理统计专业的硕士、博士研究生和大学本科生。在研究所（室）的人力、物力和财力上，要创造一些便利条件，搞一些基本建设，并且应配备一台大型电子计算机和一定数量的微处理机。
3. 教师要引导和提倡大学本科生和研究生思考解决祖国四化建设中提出的实际问题，对其成果要正确评价，不要认为硕士、博士论文非要数理统计基础理论方面的题目不可，而且愈是难题愈好。
4. 出版一些数理统计方向的杂志，主要发表数理统计方法在实际中推广、应用方面的论文。对应用研究、方法研究和理论研究方面的成果，要及时宣传，尽快普及应用，以此促进我国数理统计学的发展。

5.2　概率论与数理统计课程建设与发展①

我国概率论与数理统计的教学起步较晚，曲折颇多，直到“四人帮”被打倒后，一切才转入正常，进入快速发展时期。

5.2.1　从无到有

新中国成立初期，我国既无这方面教师，也无一本教材。因此，我国的高校中没有一所开设“概率论与数理统计”课程。当时，全国懂概率统计的人才屈指可数，他们是

- 许宝騄（北京大学）
- 徐钟济（中国科学院）
- 魏宗舒（华东师范大学）
- 戴世光（中国人民大学）

彼时百废待兴，人们无暇顾及概率统计的发展，也看不到概率统计对国家兴盛发展的重要性。

1956 年全国兴起“向科学进军”，似乎这时才想起概率统计。当时北京大学仿苏联，设立了“概率论与数理统计”教研室，由许先生当室主任。赵仲哲教授首先在北大开设“概率论与数理统计”课程，那时无教学大纲，拿一本书就讲。用的教材是

① 茆诗松，2007 大学数学课程报告论坛论文集，高等教育出版社，2008。

苏联教材：Б. В. Гнедеко，概率论教程，丁寿田译，高等教育出版社。1956 年，该书出版不到一年的时间印了 1 万册，可见当时国内学习概率论的热情是多么地高涨。当时我正值毕业，留校当教师，我们几位青年教师都买了这本书，组织讨论班，轮流报告，常为一个概念、一道习题争得面红耳赤，兴趣甚浓。正是这几位年轻人，后来成了我校数学系概率统计教学与研究的骨干。

Гнедеко 的教材对我国的影响是深远的，主要表现在：

- 该书有 11 章，前 10 章讲概率论，占全书 85%，最后一章讲统计学要领。当时在苏联，认为统计学是概率论的一种应用，甚至认为统计学是社会科学而不是一门自然科学，统计学和统计教学被忽视了。"重概率轻统计"的特点对我国的影响延续了相当长一段时间，直到现在还能看到它的影子。
- 该书很严谨但有难度，书中把概率看作事件域（σ 代数）上的集值函数，把随机变量看作可测函数，把数学期望看作是斯蒂尔切斯积分……没有实变函数论和测度论基础的读者通常很难深刻理解这些概念。这点不符合我国的国情，也不符合学习概率统计的认识规律，而我们又缺乏使其通俗化的能力。产品的寿命是随机变量，可要证明它是可测函数就并非一件易事。有些高校在讲解时会增加一些实际背景，严谨的程度应随不同对象、不同场合而变。因此这本书不宜当作一本入门书籍使用。
- 该书的例子都是经典例子，较为古老。这有好的一面，可以帮助学生学习概率论的历史，16,17 世纪概率就是在赌博和游戏中产生的，不过概率统计的发展是受生产推动的，到 20 世纪已有很多成功的案例。该书缺少时代的特征，新鲜的、当代的、结合生产和经济的例子甚少。可我国概率统计教师当时也缺乏这方面的实践，也无这方面的资料可查阅，在教学中基本上都使用经典的例子。教师不知概率统计的应用场合，学生当然也缺乏其背景知识。

之后，国内又翻译出版了三本书:

1. Fisz M.（波兰），概率论及数理统计，王福保译，上海科学技术出版社，1962 年。

   该书用 45% 的篇幅叙述数理统计中各种方法，还介绍了 13 种概率分布。背景介绍较多，统计思想也讲得较为清楚，如在假设检验中"没有被拒绝的假设不一定就是正确的假设"，这表明统计结论与纯数学中的结论有不同的特点。这一观点没有得到概率统计教师的重视，更没有被很多实际工作者接受，这都与统计教学有关。

2. Feller W.（美国），概率论及其应用（上册），胡迪鹤，林向清译，科学出版社，1964 年。

该书在离散空间场合，用大量实际例子讲述概率基本规律，通俗易懂，对初学者很有启发，是一本很好的入门书。一些高校（如北京大学）先讲这本书，后讲 Гнедеко 的书，有些自编教材（如华东师范大学）中大量引用此书的一些例子。

3. Cramér H.（瑞典），统计学数学方法，魏宗舒，郑朴，吴锦译，上海科学技术出版社，1966 年。

   该书是把数理统计学建立在现代数学基础上的一本理论著作，从理论上说清楚了很多统计问题，讲解本书需要统计教师具备一些理论修养。可惜这本书问世不久，“文革”就开始了，一切教学都停止了，这本好书没能完全发挥其作用。

上述这几本书，把概率论与数理统计在中国大地上推广开来。年轻的概率统计教师队伍随之在自学的基础上逐渐成长起来：他们在理论上对概率论的理解是深刻的，但缺少实践。而他们对统计学的理解是肤浅的，缺少统计思想和统计实践，这对教学，特别是统计教学来说是致命弱点，这一弱点在我国长期存在，直到如今。要如何改变，值得思考。

5.2.2 概率统计教师队伍成长

在概率统计教师稀缺的情况下，要用各种方法去培养人才。

- 一些有志于概率统计的数学教授开始转入概率论的教学与研究，如王寿仁、严士健等教授。
- 教育部选派年轻人去苏联和波兰等国学习概率统计，从事专题研究，成就了一批人才，如王梓坤、胡国定、陈希孺、成平等教授。
- 请苏联与波兰专家来华作长期讲学，不少高校都派人随行听课讨论。
- 自己培养。北京大学许宝騄教授挑起了在国内培养概率统计人才的担子。1956 年许先生召集全国这方面的人才在北京大学开设“学习班”，请中山大学郑曾同教授讲解“测度论”。许先生自己带领“极限理论”和“极值统计”两个讨论班，提高研究水平。这些人返校后都成了概率统计教学与研究的骨干，带领更多教师前进。

1957 年起复旦大学、中山大学、华东师范大学等高校先后成立概率论与数理统计教研室，开设“概率论与数理统计”课程，为时半年，教材大多选用 Гнедеко 的书。有些教师还自编了适合各自学校特点的讲义。随后不久，全国各综合性大学、师范院校数学系都先后都开设了“概率论与数理统计”这门课。

那一段时间里，概率统计教学特点是：

1. 以概率为主，课时占 2/3 以上，基本内容是：事件与概率、随机变量及其分布、数字特征、多维分布、极限定理等五部分内容，但各校在广度与深度上各有不同。譬如在随机变量的定义上，大多数定义为样本空间上的实值函数，而少数学校则定义为样本空间上的博雷尔可测函数。在大数定律上，多数学校只讲弱大数定律，少数学校还讲强大数定律。在分布类上，主要讲正态、均匀、二项和泊松分布，但有些学校还讲超几何分布、负二项分布、指数分布、对数正态分布和伽马分布。学生在概率部分能得到充分的训练，先直观后抽象的教学方法取得了很好的效果。
2. 统计部分课时不到 1/3，基本内容是：总体与样本、统计量与抽样分布、点估计与区间估计、正态参数的假设检验、χ^2 拟合优度检验等。这些内容各校讲授差别较大，普遍现象是保证概率部分的讲解，余下的时间里，统计部分能讲多少就讲多少，有的只讲到点估计，有的讲到区间估计，个别的甚至把统计部分全部删去，这导致学生对统计的认识甚为肤浅。
3. 教学中强调严格性，强调数学推理。讲课从定义出发，以定理告终；背景与应用如蜻蜓点水，一带而过；课堂上数学味甚浓，统计味甚少，统计思想与数据处理很少涉及；极大似然估计学生会算，但不知其意；学生对古典概率计算兴趣甚浓，但概率分布观念缺乏，学到后面兴趣逐渐减弱；最后把概率论看作一门数学课，而把统计学只看作是加、减、乘、除，不屑一顾，教师对统计教学的重要性认识不足。
4. 当时教学要求联系实际，而概率统计是最容易联系实际的课程，可教师授课缺少这种实际的联系，只能从各种书本上寻找适当的例子。当时称之为“间接联系实际”，总比不联系为好。另外，抛硬币、掷骰子、打扑克等例子被认为是宣传赌博，不能进课堂、进教材。不过当时已有一些生产和研究部门提出了一些实际问题需要进行研究。我们在 1964 年就遇到过这样的问题：洛阳轴承研究所带来一批数据问我们：“苏联的轴承寿命服从对数正态分布，美国的轴承寿命服从威布尔分布，我国的轴承寿命服从什么分布？”当时学校和系里都很重视这个问题，还特地停课一个月让我和另一位教师带领八位学生去洛阳深入研究这个问题。问题还未完全解决时，农村社会主义教育运动就开始了，学校把部分教师与高年级学生派去农村参加四清运动，项目研究不得不停止下来，直到“文革”后期才继续完成这个项目，最终认定我国轴承寿命服从双参数威布尔分布。这项研究对教师和学生都起到很好的锻炼，类似的课题也做过几个。这类课题全靠教师与社会的联系才能获得。如何开展概率统计课的实践活动是值得研究的问题，因为总的教学时间是有限的。

5. 当时还重视教学方法，不仅要上好大课，还要上好小班的习题课。1964 年左右，全国兴起学习解放军的“郭兴福教学法”，要求重视实践，从严培养。当时学校组织公开教学，提倡“少而精，学到手”，我当时以“验血”的例子讲授数学期望被推上了全校公开教学课，可是不久后开展“文革”时又被批判。

1966 年前，我国工科类大多数专业不学习概率统计，只有少数专业（如无线电、纺织专业等）学习概率统计课，这是因为信号处理需要随机变量与随机过程的知识，而纺织专业中存在大量有关纤维强度数据和生产过程数据需要处理。当时还出了一本书: 纺织工程数理统计，严灏景，纺织工业出版社，1957 年。该书从频率分布入手介绍了各种数据处理方法，这些例子虽出自纺织工业，但原理是相同的。这是一本以统计为主，概率为辅的一本教材，可惜没有受到工科院校的重视。

我国医学类专业与农林类专业都有教授统计方法课程的传统，课程内容以实用为主，介绍数据处理方法，直到方差分析。

我国经济类专业受计划经济影响较大，基本都不教授概率统计，且数理统计观点常常受到批判。

5.2.3　统计学研究对象的争论

早在 19 世纪，欧洲对统计学研究对象的认识就分成了两派。

1. 社会统计学派认为统计是独立的社会科学，只限应用于社会现实，主张大量观察，全面调查。
2. 方法论派（通用派），认为统计学是通用方法，不仅适用于社会现象，也适用于自然现象；既适用于普查，又适用于抽样调查。

这场争论发展了推断设计（数理统计）。

在大量理论与应用成果面前，社会统计学派逐渐在欧洲瓦解。以瑞典的克拉默（Cramér）在《统计学数学方法》书中作出总结。此书奠定了数理统计学（即统计学）的基础。此后统计学在西方得到普及与发展，各种不同水平的统计学教材相继出版。

1953 年，苏联又兴起一场统计学对象的讨论。1954 年 3 月，苏联科学院、苏联中央统计局、苏联高等教育部联合召开会议，作出决议，认为

- 统计学是一门独立的社会科学；
- 统计学的理论基础是历史唯物论与马克思列宁主义的政治经济学；
- 企图用一种统计科学，用同样的方法来研究自然现象是大错特错的，这会导

致把统计学变成一门对于善与恶漠不关心的、超阶级的科学。

这些观点在当年就传入中国，并被全盘接受。在当时，全国统计界（包括财经院校的统计系）展开了一场批判，把国内的方法论派（如中国人民大学戴世光“统计学与数理统计学是一家”）打压下去；把抽样调查批判为求神拜佛，认为其是唯心论；把平均数批为“中庸之道”；把从英美进口带有“Statistics”的杂志列为有毒书刊，要有专门介绍信才可借阅。这严重影响了国内数理统计的研究与应用。

这种现象直到“文革”结束才终止，100 多所财经院校统计系的教师开始学习概率论与数理统计。1984 年，中国人民大学与上海财经大学等校开始设立“概率论”“数理统计”课程，起初作为一门课，后作为两门课进行教学。“统计学与数理统计学是一家”的观念逐渐为大家认可。

5.2.4 改革开放以来

1977 年底，高校恢复了招生，也恢复了生机。各高校教师都在制定教学计划和教学大纲，编写教材迎接“文革”后第一批（77 级）大学生入学。

综合类大学与师范院校数学系普遍把“概率论与数理统计”列为必修课，学时为 70~95 不等。当时出版社还及时组织著名教授编写、审阅和出版了一些相关教材，最具代表性的是如下四本：

1. 浙江大学数学系高等数学教研组，概率论与数理统计，人民教育出版社，1979 年。

   该书为工科类各专业使用。

2. 复旦大学，概率论基础，人民教育出版社，1979 年。

3. 梁之舜，邓集贤等编，概率论与数理统计（上、下册），高等教育出版社，1980 年，1988 年。

   上述两本书是为综合类大学数学类专业使用。

4. 魏宗舒等编，概率论与数理统计教程，高等教育出版社，1983 年。

   该书为师范院校数学类专业使用。

这四本书是我国概率统计教师多年来教学总结的代表作，深得广大教师与学生的欢迎，至今还在使用，中间各书都作过修订再版。这四本书基本上能满足当时各专业的教学需要，教学内容上各校相差不大，只是深浅上有所差别。普遍是概率部分课时占 2/3 左右，统计部分课时占 1/3 左右；概率讲得深入，统计讲得较为肤浅。学生对概率较有兴趣，对统计和数据处理缺乏感觉。

随着改革开放的深入发展，社会主义市场经济逐步兴起，社会经济、经营管理、质量改进等都需要科学地分析各种数据，从杂乱无章的众多数据中寻找统计规律，社

会迫切需要具有统计背景的人才。一些高校看到了这种需求，对概率统计进行了一些改革，主要是

1. 增加数理统计课的教学时数。有些高校分为“概率论”和“数理统计”两门课安排教学，统计内容骤增，抽样分布及其分位数、单侧置信限的构造、方差分析等都陆续进入教材与课堂。这些内容在原教材中都有，可惜没有时间讲授，现在可以多讲一些了。
2. 还有一个可喜的现象——教师在课堂上会向学生介绍一些统计软件，如 SAS、SPSS 或 Minitab 等，有些老师还布置一些练习让学生课外在机器上完成。计算机与统计软件在高校逐渐普及。
3. 由于社会对统计人才的需求，1983 年开始，教育部先后在一些高校设立数理统计专业，并对该专业学生进行系统培训。除数学分析、高等代数、概率论、数理统计课以外，学生们还要学习回归分析、多元统计、抽样调查、试验设计、时间序列分析和随机过程等。对学生进行系统的统计思想和统计方法的训练，以适应社会的需求。学生也看到社会需要会处理数据和有统计背景的人才，因此学习统计和计算机的积极性也大大提高。一些学生还会利用业余时间学习计算机和统计软件操作，方便以后就业。

与此同时，一些西方国家（主要是美国）的概率统计教材也进入中国，大家发现，美国教材中少量的是以概率为主（如钟开莱先生的书），大多是以统计为主编写的教材。他们的教材写得较为生动活泼，能吸引读者，语言直观且背景丰富，插图较多，能进行形象化的教学，例子与习题涉及各行各业。看上去，编写者不仅有概率统计的雄厚基础，而且有丰富的实践经验，能把复杂的概率统计思想用一些实例直观地介绍给读者。显然，他们在概率统计的教学上花了相当多的工夫，作过深入研究。

相比之下，我国概率统计的应用和教学研究较为缺乏。我们也应把概率统计教科书写得生动活泼，让更多学生理解和接受概率统计思想和方法。目前已有一些教师从事这方面的研究工作，我们也试着朝这方面努力。近年来，我们编写了一本《概率论与数理统计教程》（高等教育出版社，2004 年）。该书把公理化作为概率定义，把古典概率、频率与主观概率作为确定概率的几种方法；加强总体分位数与样本分位数的讲述；在假设检验中把学生的注意力引向建立拒绝域。这些内容和叙述方法在教学实践中都收到了良好效果。以前我们担心学生不易接受概率公理化定义，可实践结果表明，学生并不反感，能愉快地接受这种叙述，可见我们的担心是多余的。

5.2.5 值得讨论的几个问题

随着教学改革的深入，大家的实践愈来愈丰富，学生的情况也在变化，概率统计的教学和教材建设中也出现一些值得思考的问题。

1. 当今社会上，概率统计教材出版了几十本之多，这反映社会有此需求，编写教材的队伍在扩大，这是好事。但仔细阅读这些教材，我们发现其中有一些教材缺少统计实践，缺乏统计思想叙述与挖掘，不能指导学生热爱数据和提高数据处理能力。要知道，编写概率统计教材不仅需要雄厚的数学基础，而且还需要有丰富的处理实际数据的能力。这就像要写好一本小说或编好一部电视剧，不仅需要文学修养，还需要有丰富的生活体验。只有深入到概率统计实践中去，体验它在实践中如何应用，实践中需要什么，才能写出好教材。这可能是编写概率统计教材与编写数学教材的差别所在。
2. 当今无论理科、工科、医科、农科还是财经类专业都要学习概率统计，有些高校还在为文科学生开设统计学课程，这就需要各种版本的概率统计教材，特别是以统计为主，概率为辅的统计教材。这方面教材的需求量很大，可我国缺少这类以统计为主的教材。这方面美国的概率统计教材做得较好，如为美国工程师编写的教材，概率只占 20%，其余 80% 都是讲各类数据需要如何处理的统计方法与例子。可我们总担心“概率讲少了，怕学生不会统计方法”，这其实是多余的。我们应去研究如何把统计学普及化，想方设法不用或少用微积分和线性代数知识就把统计方法教给青年人。因为他们不会从事概率统计研究，而是要把概率统计变为生产力，这是大多数人的需求，我们要有这种认识。建议找一本美国 MBA 用的统计教材阅读一下，思考一下，花一点时间研究一下，再结合国内实际，相信不久的将来，我国也会出现以统计为主（至少 60% 以上讲统计）的优秀教材。
3. 概率统计课要讲统计味。不少教师善于利用丰富的概率统计的实际背景和统计软件把课讲得生动活泼，引起学生浓厚的兴趣，不仅有数学味，更有统计味，讲出了与一般数学课不同的味道来，使学生感受到随机世界的奥秘所在，愿意去探索它。在我国大学多，专业多，学生也多，需要的统计教师也多，可要招聘一名概率统计方向的研究生去上课是很难的。现状是大量非概率统计方向的研究生在上概率统计课。他们只在大学里学过一两门概率统计课，没有机会接触试验设计实践，也没有处理过一批实际数据，甚至连随机模拟技术都没有体验过。在数学的环境里很难培养出合格的统计教师，怎么办？只能在教学实践中不断充实自己，主要是：

- 要善于收集和分析发生在周围的生动故事，引起学生兴趣。2005 年 5 月 20 日 22：45 央视论坛节目讲了一件事：有一个网站发布信息——“北京 15% 的爸爸在为别人养小孩”，这实在是一个惊人的消息。原来，事情是这样的，北京市有 600 人要求做亲子鉴定，其中有 90 人的 DNA 检查结果说明其小孩不是自己生的，这是把总体搞错了。
- 要学会用统计观点去看待和处理周围的事物。譬如，今天买一块大排骨又厚又大，明天买一块大排骨又薄又小，可一个月下来差不多，这是因为“等价交换是在平均数中实现的”（引自《资本论》）。这就是无偏估计的思想，要设法用通俗的例子讲清深奥的统计思想。
- 要学会使用统计软件去处理数据，特别是随机模拟技术。譬如，从 20 个数据的总体中每次有放回地取 5 个数，算其均值，多次抽取，其均值会呈现正态分布，其方差缩小到原来的 1/5。这一过程把中心极限定理具体化，使学生心服口服，感受到概率论的魅力。
- 要学习一些统计发展史。陈希孺院士著的《数理统计学简史》（湖南教育出版社，2002 年）值得一读。概率统计的基础内容都是外国人发现的，是“进口货”，我们缺少体验，但这些内容不是天上掉下来的，总有来龙去脉。这不仅对研究会有启发，还可使教学生动起来，戈塞特（Gosset）提出了 t 分布的故事，学生就很喜欢听。
- 在教学上要舍得花工夫。不要一份教案用五年、十年，一成不变，希望每次讲课都要有新意。譬如，“假设检验”的思维方式是统计学特有的，其统计思想十分丰富。通过教学使学生经受一次统计思想的洗礼，接受它并应用它。在假设检验中人们手中只有一个样本，要去证明假设 H_0 成立是不可能的，但用一个样本否定 H_0 是理由充足的。为此，先驱者都将假设检验的注意力放在了否定 H_0 的拒绝域上，这就像监狱里的人都是有罪的，而监狱外的人不全是好人，当有新的样本（证据）后，再作判断。又如国外有书上说：显著性水平 α 通常是一个经济决策，它建立在发生错误的代价有多大的基础上。你如何理解这句话，他说的是否有道理？我们要花时间去思考这些问题。

4. 要帮助学生建立“概率分布”的概念。这是概率统计中的随机变量与微积分中的一般变量的不同之处。概率论的研究中分析的是分布是离散的、连续的、还是奇异的，以及它的前 n 阶矩的性质。而统计研究与应用中要求的分布是具体的，研究它是正态的还是偏态的。若是正态的，那是 t 分布还是逻辑斯谛分布；若是偏态的，那是对数正态分布还是伽马分布。总之在统计中要求分布是具体的。一个分布就是一个统计模型，让学生多认识几个分布就等于让学生多认识几个模型。要学好统计，脑子里没有几个分布是学不好的，教师在讲解分布时要舍得花时间，要帮助学生建立分布的概念。

5. 要重视分位数教学。这是陈希孺院士生前关心的一个问题。在教材和教学中大家都十分关注分布函数 $F(x)$，要知道，在连续随机变量场合，其反函数 $F^{-1}(p)$ 就是分布的 p 分位数，它总是存在的，常常还是唯一的。一张分位数表就是给定一个分布，几个分位数就能大致勾画出一个分布的形态。分位数常用来表述分布两侧的尾部概率，因此它是构造置信区间与拒绝域必不可少的“原材料”，是统计学的一个支撑点，不可忽视。可是在概率统计教学中，分位数的教学常被忽视，甚至不把它当作分布的特征数来讲，讲分布的矩很具体，可分布的分位数有时却不被提及。

以上几点提出来与大家讨论。一些具体材料和例子大多可在我们编写的《概率论与数理统计教程》中找到。

5.2.6 还有两个问题

近年我系一位年轻教师在为文科学生讲授“统计学”，既不用微积分也不用线性代数去讲授统计学的基本思想与基本方法，让文科生也会一点数据处理方法，看懂统计图表。这方面北京大学的谢衷洁教授做得很好，他在北京大学为文科学生开设“普通统计学”，并以此为名写了一本书。还有一本书《基本统计方法教程》(傅权，胡蓓华，华东师范大学出版社，1989 年) 亦可供参考。该书主要用样本均值、样本方差、样本标准差和几张分位数表讲授了常用的统计方法，颇有特色。

2000 年底，人事部与国家质量技术监督局开展质量工程师资格考试，该考试大纲中一半以上是各种统计方法，至今已进行了七年，有几十万工程技术人员参加培训与考试，其中约有 40% 左右的人获得质量工程师的初、中级资格证书。他们除了复习概率统计基本知识外，还学习方差分析、回归分析、试验设计、统计过程控制、抽样检验、可靠性基础知识和质量改进技术等内容，这些统计方法大多在企业内有较多应用。这个考试将为工科专业学习概率统计提供新鲜经验，为国家培养一批既懂技术又懂统计的人才。看到统计学在这些工程师手中变成生产力我们十分高兴。

这么多人学习概率统计、应用概率统计在中国是空前的，这是我从教五十年来看到的最欢喜的一幕。随着科学发展观深入人心，统计学会在建设中国特色社会主义道路上添砖加瓦，发挥愈来愈大的作用。

5.3　统计学专业的建立与发展[①]

1983 年 8 月的一天，校长袁运开教授传呼数学系概率论与数理统计教研室主任茆诗松在文史楼草坪见面，告知：今接教育部批复，同意在我校设置“数理统计专业”，并即刻办理招生与教学事宜。袁校长还告知，我们已与数学系商妥，数学系今年已招三个班 120 人，现分一个班为数理统计专业班。茆诗松问是否要征求学生同意，袁校长说：“按此发录取通知书，进校后若有异议再作适当调整。”9 月新生入校，进入数理统计班的 42 名学生无一提出异议，另有一名数学专业新生要求进数理统计班也获数学系同意，他们欣然接受这个新专业。就这样，数理统计专业在我校宣告成立。

5.3.1　背景

统计学是历史悠久的学科之一。新中国成立后在我国高校中先后设立了一百多个统计学专业，但都是按苏联计划经济要求建立的。他们认为“统计学是社会科学，有阶级性”，“抽样是唯心的”，因此抽样调查被禁止使用，数据全部按政府系统由下而上层层上报和汇总。这种统计学专业已不能适应市场经济的需要了，在西方各高校中也早已没有此种统计学专业。这是因为在 19 世纪末和 20 世纪初，随着工、农业的发展，近代数学进入了统计学，对统计学的基本概念给出了精确的描述：总体被描述为一个分布，样本被解释为一组相互独立的随机变量。统计学被认为是方法论，在经济领域和工、农业生产中都可使用。思想解放了，各种统计思想就产生了，各种统计方法也逐渐被开发出来并不断完善。它们包括参数估计、假设检验、试验设计、抽样调查、回归分析、多元分析、时间序列分析、决策函数、贝叶斯统计、非参数统计等。这些统计方法内容异常丰富，方法别具一格，思想不断升华。就这样，西方把政府统计推进到推断统计，大大促进了西方的工业、农业、军事和科学技术的发展。日本工业在短期内能赶超美国，统计方法是助了一臂之力的。在西方仍然把推断统计称为统计学，而在我国，为了与强力的政府统计区别开来，我们把推断统计称为数理统计。

为了适应社会需要，西方纷纷成立（数理）统计系。世界第一个统计系是 1900 年在英国伦敦大学建立的，随后几十年中又先后成立了 45 个统计系，在美国几乎所有高校都设立了统计系。它们招收了大量的本科生和研究生，并普遍为外系开设统计课程，教材也有深浅不一的版本。他们的学生很容易找到工作。在英国的一份联合招生广告上说：一个系统训练过的统计学家的职业技巧能够被社会各部门采用的

① 茆诗松，文脉：华东师范大学学科建设回眸，华东师范大学出版社，2017。

机会就像医生对人民一样。就是在经济危机时期，统计毕业生也很容易找到合适的工作。

相比之下，我国在这方面还较落后。新中国成立初，从国外回来的统计学博士全国仅有屈指可数的几个人，他们是许宝騄（北京大学）、徐钟济（中国科学院）、魏宗舒（华东师范大学）、戴世光（中国人民大学）。当时百废待兴，人们无暇顾及统计学的发展，全国无一本教材，无一所高校开设“概率论与数理统计”课程。直到 1956 年“向科学进军”时，北京大学率先开设此课。我校是在 1959 年成立“概率论与数理统计教研室”并开设此课的，内容以讲概率为主，统计学时不到三分之一。

5.3.2 申报

在上述调查的基础上，茆诗松等教师向数学系和校长提出了设置数理统计专业的想法，立即得到数学系与校长的支持，并于 1980 年 12 月由学校向教育部提交《关于我校数学系增设“数理统计”专业的报告》。当时我们概率论与数理统计教研室有教授 1 名，副教授 2 名，讲师 9 名。除完成正常的教学任务外，先后为国内一些工厂、研究所用统计方法解决了一批实际课题，譬如军用橡胶件的配方，合金钢与玻璃膨胀系数的匹配，抗生素新菌株的选择与新工艺参数的确定等问题。为推广试验设计方法，1975 年，我们以上海市科学技术交流站的名义组编了《正交试验设计法》一书，由上海人民出版社出版。此外，我们还利用暑假为部分高校教师举办多次数理统计大型培训班（每次百人以上）以缓解国内师资缺口。

在 1980 年前后我们还接受了两项任务：一项是经教育部特批录取自学成才的青年郑伟安为数理统计专业的研究生，由魏宗舒教授和茆诗松、何声武组成指导小组。经过刻苦钻研，郑伟安两年完成毕业论文，通过毕业答辩，后经校学位委员会第一次会议批准授予硕士学位。之后又在法国获得法国国家博士学位。郑伟安回国后不久就被学校评为教授，被国家学位委员会批准为第一批博士生导师。

另一项任务是受高等教育出版社委托，为师范院校数学系学生编写《概率论与数理统计教程》。该书由魏宗舒教授主编，汪振鹏与吕乃刚协助编写，此外周纪芗、林举干、王玲玲也参与编写了部分章节。该书把离散分布与连续分布分章编写，适应师范特点，1983 年出版后广受欢迎，年年重印，选用学校逐渐增多，至 2008 年共加印 38 次，发行 40 多万册。后经汪荣明和周纪芗修订，又印刷出版了 10 多万册，至今还在使用。与此同时，全教研室教师还共同编写了《概率论与数理统计习题集》，也由人民教育出版社出版，供教学之用。

完成上述工作不仅扩大了影响，也充实了自己。

5.3.3 实现

申报设置数理统计专业的报告送至教育部后的两年多时间内毫无声息，其间我们多次去教育部问询，答复是：这（数理统计专业）是非师范专业，你们应努力办好师范专业。我们回答说：我们还有余力，想多为国家办新专业，为国家多培养一些急需人才，希望考虑教师的积极性。最后的答复是：回去等待吧！看来我们之间在认识上还存在差距。

在等待的同时，我们教研室的教师主动到工厂去普及数理统计方法，为提高产品质量和产品的可靠性做了不少工作，受到工厂和上海市经济委员会的重视，同时也形成了研究方向：试验设计与可靠性统计。当时上海市经济委员会质量处与数学系商量，从 1982 年起开办两年制全脱产的数理统计职工专修班，一共办了四届。毕业生中有些成了上海市技术监督局的处级干部，还有不少成为企业质量管理部门的骨干。

在等待了两年半之后，1983 年发生了两件事，事情终于迎来了转机。

1983 年初，教育部科技司下发了一个通知，征询国际上新兴学科发展情况。我们知道，上下沟通的机会来了。我们努力收集英美在统计学上近期迅速发展的情况（见前所述），并指出统计已成为西方社会上的一种职业，特别是在工业、经济和制药业上的需求很大。相比之下，苏联仍处于保守思潮之中，难以摆脱“统计学是社会科学”的束缚，但还是有一些进步，例如编辑出版了一些西方数理统计书刊，出版了《工厂实验室》《经济与数学》等杂志，定期发表一些数理统计研究与应用的文章，又先后制定了在工业中使用的统计方法标准 62 个（至少）。可以看出，各种统计方法已较为广泛地应用于苏联的工业界。1983 年 4 月 20 日，我们将上述情况详细地写成《“数理统计”情况的调查报告》，并以魏宗舒、茆诗松、周纪芗、吕乃刚联合具名寄到教育部科技司。没多久，该司把此调研报告铅印发送至教育部各司局和有关高校，我们也收到一份。这份报告为上下沟通认识起了桥梁作用，也为在我校设置数理统计专业提供了舆论准备。

另一件事发生在 1980 年，那年国际统计学会召开年会，首次邀请中国统计学会派人参加。在中国有两个统计学会：一个是“中国统计学会”，挂靠国家统计局，半官方性质，下属一百多所高校中的统计系（与教育部商定）都属他们管理，专门从事政府统计研究和人才培养，并在“四人帮”被打倒后开始与国际统计学会建立起联系。另一个是“中国概率统计学会”，是中国数学会下的一个分会，挂靠中国科协，是民间纯学术团体，靠会员会费维持正常活动，与国际统计学会无任何联系。当时年会通知下达到中国统计学会，他们派局长带队和两名官员参会。在会议期间，许多外国统计学者都主动示好，问到中国著名统计学家许宝騄教授（北京大学教授，1910—1970）的情况，三位代表都表示惊讶，答不上来，他们根本不知中国还有这样一位世界知名的（数理）统计学家！这很有损我国形象，本可以加分的事变成减分的事。使三位代表更感慨的是，大会学术报告中大多数（80% 以上）内容他们都听不懂，似乎到了另一个世界，这是因为大会的学术报告大多涉及数理统计。三位代表回国后很有感触，对国内统计界作了研究。他们发现，在国外统计学与数理统计是一家，可在国内却被人为地分为两家，这种落后现象迫切需要解决。从这时开始，中国统计学会开始吸收少量数理统计学家参加学会工作，在国内财经院校统计系开始允许讲授西方统计学（他们这样称呼数理统计）。后来，他们深知需要经过系统的西方统计训练的大学生参加抽样调查和数据分析等工作，而这方面人才在统计局系统缺口较大。国家统计局与教育部商定，由国家统计局出资 2300 万资助两所高校（后定为复旦大学和南开大学）建设西方统计学专业。

上述两件事使教育部认为，在高校设置数理统计专业的时机成熟了。故在 1983 年 8 月，教育部决定在华东师范大学、复旦大学和南开大学设置数理统计专业，并即刻招生，这就发生了本文开头的一幕。消息传到教研室，教师们兴奋异常，二年的奋斗终于有了结果，从此“政府统计”一统天下的局面被冲破了。第二年（1984 年），北京大学也获准设立数理统计专业，在这几年内，教育部先后批准全国 11 所高校设立数理统计专业。统计学在中国大地上获得了新生，我们将在祖国四化建设中耕耘新的天地。

5.3.4 课程设置

专业批准了，课程要如何设置呢？复旦大学和南开大学的数理统计专业是为统计局服务的，毕业生将来要去各级统计局工作，而我们无此约束，我们要为全社会服务，为工厂、研究院和各类学校培养合格的统计人员和教师。他们不仅可以去各级统计局工作，还可去政府各机关和计算中心工作。我们需要根据这些想法和英美统计系的样本去设置本专业的课程。

一天茆诗松在丽娃河桥上遇见了曹锡华教授（数学系系主任），他告诫我们：“我支持你们办数理统计专业，但你们不要对新生减弱数学分析与高等代数两门课的基本训练，这是他们能否再深入发展的关键。而且一、二年级是学习掌握这些基本工具的最好时机，错过了就再也没有机会了。”我们教师都同意曹先生的一番忠告，数学分析与高等代数两门课与数学系新生同堂上课，使用同一张考卷。一年级下学期，学生一面学习描述性统计，一面学计算机编程，后来进一步学习有关的统计软件；二年级开始学习概率论、数理统计；三、四年级学习常用的统计方法，并将统计软件贯穿其中。此外，我们还开设经济学、管理学等课程。这些课程的设置为学生将来就业和考研做好了准备。多年试行下来，这些想法基本可行，学生就业状况很好，一年比一年好，不愁找不到工作。数理统计为第一志愿被录取的新生逐年增加，如今新生全是第一志愿录取的。社会了解了我们，这是对我们最大的鼓励。

5.3.5 独立成系

数理统计专业成立后遇到的第一个问题就是成果的评价问题。数学传统的评价标准是形式逻辑推理，谁能解难题谁的水平就高，难度愈大水平愈高。但统计不仅要看推理能力，还要看归纳能力，更要看解决实际问题的能力。谁能对实际问题提出新的统计思想和统计方法去解决它，谁的水平就高。这两种评价标准在教师升等考核中经常会发生碰撞。为了避免此种碰撞，使数理统计专业健康发展，我们提出从数学系分离出来，独立成系，直属校部领导，此事得到校和系领导的支持。由于系属于管理机构，成立专业要教育部批准，而成立系只要校部批准即可，因此就这样数理统计系（简称数统系）于 1984 年 12 月宣告成立。恰逢茆诗松作为访问学者出国，系主任暂缺，故委托副系主任周纪芗主持工作，1986 年茆诗松回国后被任命为第一届系主任。

数理统计专业与数学专业是否一定要分开设系呢？这在国内尚有不同看法，可在国外都倾向于分开设系，这对统计发展有利。英国统计学家博克斯有一句名言："统计离数学愈远愈好。"当年学校给博克斯的统计系有两个去处：一个在数学楼，另一个在计算机楼。博克斯讲了上面这句话后，选了后者。我们理解博克斯的意思，按数学思维方式是办不好统计系的。在西方是如此，在我国可能也是如此。这一想法在我国实践中也逐渐被接受。

离开数学系后，统计系应该如何办？这是需要在实践中不断探索的问题。中国这么大，需求是广泛的，不能只有一个模式，要百花齐放，要以我国实际为背景，努力开拓新的统计方法和理论，办出特色来，把根扎在中国大地上，而不是扎在外国文献上。

5.3.6 设立编辑部

几乎是在数理统计专业设置被批准的同时（1983 年），又传来了《应用概率统计》杂志获国家出版局批准的消息，并且要求在一年内出版创刊号，这在当时被称为"双喜临门"。大家欣喜若狂，但又感到责任重大，因为要让概率统计的研究在我国大地上活跃起来。

这事的来龙去脉是这样的：打倒"四人帮"后，国民思想得到解放，与西方交流日益增多，这才发现我们与西方的差距很大，特别在统计学研究方面。国外仅统计学方面就有数十本专业刊物，每年发表大量研究论文，新思想与新方法不断涌现。为了推动概率论与数理统计在我国的发展，同行们都认为需要有一本概率与统计方面的学术刊物作为一个学术交流园地，发表我们自己的研究成果。为此，在中国概率统计学会的历届年会上都要讨论这件事，特别是老一辈概率统计学者都很关心，想用他们的影响做成此事。我系魏宗舒教授也十分着急，经常与我们商讨此事。做成此事的关键在两点：一是申请刊号，另一是筹办经费。在 1982 年的学会年会上，讨论终于达成了共识。北京的同行负责申请刊号，他们想通过中国数学会与中国科协向国家出版局申请刊号，这是一条最快、也是最容易实现的路径。另外，由华东师范大学筹办编辑部，并请魏宗舒教授出任主编。回校后，我们向袁校长汇报此事，袁校长很支持，这对发展我校数理统计专业十分有利。经过讨论，袁校长答应了几点：校部给编辑部一个专职编制；编辑部设在我校数理统计系内，其开办经费由华东师范大学支付；杂志发行后的亏损经费华东师范大学支付一半，另一半请学会设法解决。学会对华东师范大学的支持表示十分感谢。这样一来，万事俱备只等刊号批文早日下达，就可以开始行动了。不久，北京来电告知，刊号（CN-1256）已经批下，为季刊，要求在一年内出版首期，否则刊号无效，请速办理出版事宜。我们得知后也很兴奋，这可以使我校概率论与数理统计在全国成为这方面的研究中心之一。

为了尽快使《应用概率统计》在上海能如期出版，我们加速工作。一面向上海出版局登记，获得在上海出版的认可，一面筹办编辑部，在当年毕业生中留一名专职编辑，并请何声武教授任编辑部主任，筹办征稿、印刷、邮局发行、封面设计等工作。该刊将由华东师范大学出版社印刷、出版。不幸的是，魏宗舒教授突然涉及一案子，当时尚未了结（后因事实不清，证据不足，上海法院决定销案归档，永不再提，学校也恢复其名誉）。袁校长告诉我们，在案子尚未了结的情况下，让魏宗舒教授担任主编不合适，请转告学会另请主编，但华东师范大学已答应的事项不变。后学会尊重华东师范大学的意见，改请北京大学江泽培教授出任主编。之后形成默认，主编由学会指定，华东师范大学出一个副主编主持日常工作，编辑部全由华东师范大学统计系负责。

1985 年 8 月，经过大家的努力，尤其是何声武教授的努力，《应用概率统计》杂志创刊号终于出版了，得到国内外的好评，发行量逐年增加后趋于稳定。此时困扰我们的最大问题是，每年亏损的 2 万元如何补足。我校科研处拨款 1 万元，另一半的学会来源得不到按时汇达，因此我们在上海也到处寻找资助。其间上海翻译出版公司资助四年，上海市质量协会资助三年，上海的一个公司也资助了 2 万元，之后又收取版面费，就这样杂志逐步渡过了难关。此时华东师范大学出版社也发展壮大了，以后的亏损全由出版社资助。亏损问题终于有了归宿后，我们才考虑增加稿费，改善印刷纸张等问题。该杂志至今（2014 年）已出到第 30 卷，每卷四期，受到国内广大读者的欢迎。经过大家的努力，该杂志已成为国内核心刊物之一，华东师范大学统计系也更为丰满。

5.3.7　出版教材

改革开放以来，随着经济的发展，需要大量经过系统训练的数理统计人才。近几年教育部已在一些高校设立该专业，为了促进数理统计人才的培养，迫切需要解决专业教材的问题。教育部于 1984 年在杭州召开数理统计教学座谈会，会上除交流教学经验外着重指出，组织国内专家编写和出版一套数理统计专业教材是当务之急，并委托我系茆诗松教授负责此事，还发函请华东师范大学出版社协助出版。回来茆老师就与华东师范大学出版社商谈，他们表示会倾力相助，并表示“你们编写一本，我们出版一本”。有了这个后盾，我们邀请校内外专家编写了一套“数理统计丛书”。从 1986 年开始，先后出版了八本教材。它们是《数理统计》（茆诗松、王静龙），《随机过程导论》（何声武），《回归分析》（周纪芗），《试验设计》（王万中），《非参数统计》（陈希孺、柴根象），《实用多元统计分析》（方开泰），《时间序列分析》（安鸿志），《基本统计方法教程》（傅权、胡蓓华）。这套教材出版后受到教师们的欢迎，被很多学校选用，解决了应急之需。

虽然这套教材的编写与出版解决了新专业教材的燃眉之急，但是社会需求是多方面的。随着我国四化建设的展开，非师范专业、经济管理类专业及其研究生纷纷提出开设各种统计课程的需求，市场上各种统计方法的书也多了起来，我系教授也受到各方面的邀请，编写了 20 多种各级教材与专著。

我系教师能编写这些教材与专著不仅是多年科学研究的成果，也是教师深入实际的成果。书中大量例子都是教师解决实际问题的浓缩。如《抽样调查的方法和原理》《质量管理统计方法》等书都是作者长时间深入实际和深入思索的结晶，一些概念和结论都通过生动的事例获得了更好的解释。其中一些教材还获了奖或被推荐，如《概率论与数理统计》2002 年获全国普通高等学校优秀教材一等奖，《高等数理统计》被教育部推荐为研究生教学用书等。

这些教材与专著的出版不仅壮大了我系师资队伍，而且也丰富了教学内容，提高了教学质量。其中不少书还出了第二版或第三版，至今还在重印，影响较大，很受广大教师与学生的欢迎。

5.3.8 人才培养与科学研究

我系概率论与数理统计专业都是首批被批准为硕士点和博士点的，还与数学系合建了博士后流动站。三十多年来已培养 6 名博士后，50 多名博士生，500 多名硕士生，1400 多名本科生，100 多名二年制专修科毕业生。如今他们大部分在高校、银行、证券、保险、咨询公司、调查公司、政府机关、各企业实业界等行业部门工作，很多成了各单位的骨干、院长、系主任、公司总监、总经理等，为国家的发展作出贡献。还有一部分出国深造，其中已有部分回国担任要职。

1987 年，我系数理统计被教育部确定为高等学校重点学科，这是对我系科研成果的一种肯定，也推动了我系的科学研究。我系随机过程、多元分析、可靠性统计、应用统计等方向在全国也处于领先地位。

1994 年，申请的保险学专业获教育部批准，当年即招收本科生。保险学中很多问题都与概率统计有关，这些问题的研究可以推动概率论的发展。我们看到这一点后，就申请在我系设立保险学专业，并确定以精算和风险管理的研究为主要方向，学生的就业形势也很好。

自统计系成立后，教师们申请了多项国家自然科学基金、国家社会科学基金、教育部博士点基金，在随机过程、随机分析、多元分析、可靠性统计、抽样调查、试验设计、风险评估、质量管理等方面获得一批研究成果，包括我们培养的学生留校当教师后也是成果丰硕。如茆诗松与王玲玲参加了可靠性的多项标准的制定工作，其中《寿命试验和加速寿命试验数据处理方法》1980 年获第四机械工业部科技成果一等奖和国防科工委重大技术改进成果二等奖，《彩色电视接收机综合标准》1990 年获机械电子工业部科技进步奖一等奖，《正态分布区间估计系数表》1992 年获航空航天工业部科技进步奖二等奖；何声武等的《半鞅与随机分析》1995 年获国家优秀图书特别奖；梁小筠参加的《上海市人口抽样调查与方法、体系及应用研究》于 1998 年获国家统计局科技进步奖一等奖；我系培养的研究生郑伟安的研究成果《随机分析及其应用》1987 年获国家自然科学三等奖，濮晓龙等的《现代鉴定试验理论方法研究》于 2006 年获全军科技进步奖一等奖，汪荣明的《破产概率中若干问题的研究》于 2004 年获上海瑞士再保险精算科学奖二等奖等。

5.3.9 名称变迁

概率与统计是两个研究方向，其联系密切，在我国又常融为一体，相互促进。1990 年前后，一些同行教师提出，若使用“数理统计专业”名称，那把概率论放在什么位置呢？为调动概率论方向教师的积极性，他们向教育部提出建议将“数理统计专业”改为“概率论与数理统计专业”。当时教育部理科司向我们征求意见，我们认为：统计是一种职业，突出统计是为了以后大学毕业生更容易找到合适的工作，这并不影响概率论的研究，硕士与博士专业仍然可称为概率论与数理统计。对于这两种不同意见，教育部特地在北京师范大学召开了一次专业名称讨论会，会上两种意见充分表述。后在教育部理科司同志的协调下双方妥协，专业定名为“统计与概率专业”。又过几年，教育部要调整专业，过窄的专业要合并。专家会议上决定使用“统计学专业”这一名称，并把它作为一级学科（与数学并行），下设两种学位，在财经院校可授“经济学学士”，在理科院校可授“理学学士”。它们都要学习数理统计和计算机统计软件，但后续课程可有所侧重。我们仍向理科方向培养，不久我系教师大会上通过，与教育部同步，把专业名称改为“统计学专业”。这一名称一直沿用至今。

统计系成立至今已有三十年了。三十而立，目前已是五脏齐全的系科。它的成长过程步步艰辛，但我们也乐在其中。在校部领导下，全体教师团结一致，尽心尽力，一步一个脚印建设统计系。能如此发展是顺应了我国建设的需要，也跟上了世界学科发展的步伐。统计系的老教授们看到这一成长过程心里都很安慰，我们为华东师范大学的建设添了一块砖。如今统计系已汇聚了更多的人才，设立了很多研究项目，众多大学生、研究生汇聚一堂，学校里还专门盖了一幢统计楼，统计系必会愈来愈兴旺。

5.4 我国数理统计学的一位奠基者——记魏宗舒教授①

摘要: 魏宗舒于 1941 年获得美国艾奥瓦大学统计学博士学位，回国后在上海圣约翰大学任教，开展数理统计的理论和实践研究。1951 年之后，魏宗舒调入华东师范大学数学系。本文记叙了魏宗舒作为我国数理统计学的奠基人之一，在人才培养、杂志创办、教材编写等方面的一些开创性工作。

5.4.1 前言

魏宗舒教授于 1912 年 2 月 12 日诞生于上海市。1929 年 7 月保送到上海圣约翰大学土木工程系学习，1933 年 4 月任圣约翰大学数学系助教。1937 年 10 月进入美国宾夕法尼亚大学研究院攻读数学，并兼修保险精算学。次年，魏宗舒教授转入美国艾奥瓦大学专攻统计学。1941 年 2 月，在该校获得数学哲学博士学位。当年回国后，任圣约翰大学数学系副教授，同时兼任上海太平保险公司统计科科长。1942 年被圣约翰大学委任为数学系主任，1943 年任教授。1947 年 4 月受上海太平保险公司

---

① 茆诗松，高等数学研究，2017，20（4）：122-125。

委托，到美国学习和考察保险业。1948 年 11 月回到上海，1949 年 9 月再次受聘为圣约翰大学教授，并任数学系系主任。1952 年全国高校院系调整，调入华东师范大学数学系任教授。1984 年成立数理统计系，魏宗舒教授转到数理统计系（后改名为统计系）任教授。1996 年 11 月 23 日因病在华东医院逝世，享年 84 岁。

魏宗舒与其他几位教授合作翻译的克拉默的名著——《统计学数学方法》于 1966 年初出版。该书被认为是数理统计学成熟的标志。1983 年 10 月出版了由他主编的《概率论与数理统计教程》，该书至 2008 年印刷了 38 次，发行 40 多万册，影响广泛而深远。

魏宗舒教授是中国现场统计研究会第一届理事长，中国概率统计学会第一届副理事长，中国质量管理协会第四、五届副理事长，上海市质量管理协会第一届副理事长。此外，还担任中国概率统计学会与中国质量管理协会名誉理事，上海市质量管理协会顾问、上海市统计学会顾问、中国质量管理协会质量管理统计方法研究会顾问、上海市机械工业质量管理协会顾问、《应用概率统计》杂志顾问等职务。他还是美国统计学会终身会员。

1977 年 12 月魏宗舒教授被评为上海市先进科技工作者。

魏宗舒教授有一句名言:“如果能亲临实际做一两次数据分析，那对数理统计的领会就会更深了。”

5.4.2 为华东师范大学数理统计学科的发展奠定了基础

1952 年魏先生刚调到华东师范大学数学系时，国家正处于向苏联学习的高潮中，从教学计划到教材都按苏联模式进行。当时高等师范院校数学系的课程里既无概率论也无数理统计，魏先生的专长无法施展。直到 1958 年中央提出理论联系实际，数学的应用得到了重视，概率统计学科才开始活跃起来。这时的魏先生积极开展了一系列学术活动，他编写教材，为大学生开设统计选修课——抽样与检验; 指导青年教师组织《概率论教程》读书班; 带领青年教师参加气象局委托的科研任务；接待来访的印度统计学家高善必等。

1960 年，华东师范大学数学系成立了概率统计教研室。同年 9 月，以教研室的名义开始招收研究生，魏先生积极参与策划和制定培养计划。在以后几年的时间中，他将主要精力放在了培养研究生和青年教师身上。他带领研究生与青年教师到实践中去。在上海自行车厂和上海第一印染厂，他告诉青年教师和研究生，在劳动中要注意观察数据是怎样产生的，如何去收集数据，还在现场向青年教师、研究生和工程师们讲解如何去处理这些数据。他还组织读书班，读莱曼（Lehmann）的《统计假设检验》。他先讲了几次，然后让研究生和青年教师轮流报告。大家提问题，谁被问倒了，回去准备，下次继续报告。他让青年教师走上讲台，帮他们修改讲稿，听完课后提出改进意见。这批研究生和青年教师后来大多成为数理统计教学和研究的骨干。

在这几年中，魏先生还为我国统计学界做了一件很有意义的工作：与其他几位教授合作翻译了克拉默的名著《统计学数学方法》。该书被认为是数理统计学成熟的标志。他对译稿讲究达意与修辞的统一，往往一个词或一个句子要与其他教授讨论多次，这实际上是一个再创作的过程。该书于 1966 年初由上海科技出版社出版，立即得到各方面的好评，年轻人都把此书当作数理统计的入门书。

5.4.3 迎来了教育的春天

1976 年，“文革”后国家百废待兴，科研与教学也亟待恢复。为了表彰魏先生过去多年来在教学与科研工作中认真负责的态度和突出的成绩，1977 年 12 月，他被评为上海市先进科技工作者，参加了上海市科学大会。与此同时，高考恢复，学位制度也随之出台，魏先生与大家一样沉浸在兴奋和努力之中。

当时上海一位自学成才的青年郑伟安，经过面试小组考核，认定其已经具备本科毕业水平，经教育部批准，破格录取为我校的研究生。郑伟安本人想攻读数理统计，魏先生欣然接收。当时魏先生就指定他先读克拉默的《统计学数学方法》。在不到一年的时间里，郑伟安就拿出了第一篇论文《Cramér-Rao 不等式成立的充要条件》，展现出他的数学才华。魏先生十分高兴，但也看到郑伟安很善于抽象思维，对概率论与随机分析更有兴趣。为了发挥郑伟安的才华，因材施教，魏先生建议他主攻概率论与随机分析，并由何声武教授指导。不出所料，在何声武教授指导下，郑伟安如期毕业，又到法国跟著名的概率论学家迈耶（Mayer）教授学习随机分析，两年半就获得了法国国家博士学位。郑伟安回国后不久就被评为教授与我国第一批博士生导师。

在学位制度正式公布后，魏先生与茆诗松先生联合招收了第一批三名硕士生。他们的研究方向涉及容许性、重抽样和试验设计，魏先生一一加以悉心指导，并亲自为他们讲授重抽样课程。当三位硕士生的论文通过答辩以后，魏先生激动得流下了热泪。他说：“中国终于结束了无学位时代。第一批硕士生在我们自己手中培养出来了。”如今这三位硕士毕业生都是我国科研和教学的骨干，也都成了博士生导师。

在指导研究生的同时，魏先生还经常与实际单位进行合作。1979 年，上海商品检验局发现从比利时 Ucb Sidac 进口的 800 吨玻璃纸质量不合格，要向比方索赔。魏先生与青年教师一起考察了全过程，重新进行了抽样、测量与分析，认定质量确实不合格。可是比方就是不承认，声称他们生产的玻璃纸没有不合格的。为了维护我方的声誉并挽回损失，我们要求对方来人检验。若质量合格，费用由中方支付，否则由对方支付。不久，比利时专家到沪，第二天就举行会议。会上，魏先生用流利的英语讲述了中方的抽样、测量和分析的全过程。未等魏先生讲完，对方专家立即承认质量有问题并答应赔偿，全过程不到一刻钟。索赔谈判顺利解决，维护了我方商检局的声誉，挽回了国家的经济损失。事后魏先生十分气愤地说："在他们眼里，中国落后得连统计都不懂！我们要争气。"这一实例成了统计学界激励学生学好专业知识的一股动力。

教材缺乏在"十年动乱"后是一个严重的问题。高等教育出版社特请魏先生主编师范院校数学系本科生使用的概率论与数理统计教科书，魏先生欣然接受。魏先生还邀请了系里几位教师协助编写，从章节细目到例子习题在校内外广泛收集意见，经过多次修改，于 1983 年 10 月出版。该书到 2008 年印刷了 38 次，共印了 40 多万册，可见其影响面相当广泛。此外，他还与其他教师合作翻译出版了《初等概率论附随机过程》与《统计思想》两本书，同样受到读者的好评。

5.4.4 积极策划发展我国的概率统计事业

20 世纪 80 年代，魏先生已经迈入高龄，但是他仍然积极为发展我国的概率统计事业进行筹划。早在 1980 年底，华东师范大学就向教育部申报设立数理统计专业，教育部回复说要等消息、等机会。1983 年初，教育部提出要做学科规划，这是一个机会。魏先生与教研室的教师积极收集各方面的资料，最后以魏先生等四位教师的名义向教育部科技司写了一份名为《对发展数理统计学科的建议》的报告。报告列举事实说明我国在数理统计学科发展上与西方国家的差距，建议在有条件的高校分批设立数理统计专业和数理统计系，在全国出版数理统计杂志。该报告被科技司编印为《对科技规划的建议（第 0006 号）》散发到教育部各司局参阅。1983 年 7 月，教育部批准华东师范大学设立数理统计专业，同时获得批准的还有复旦大学和南开大学。当年，华东师范大学数学系就招收了第一届数理统计专业的本科生，并于 1984 年 12 月，单独成立了数理统计系，这一举措在我国数学界产生了积极影响。此后几年内，全国有十所高校先后获批设立数理统计专业。

魏先生多次在概率统计学术会议上呼吁：为了发展我国概率统计学科，需要创办一本全国性的杂志。他的呼吁也是概率统计界的共同心声。1982 年在中国概率统计学会第一届年会上，理事会推举江泽培为理事长，魏宗舒等为副理事长。他们商讨办杂志的可行性和具体做法。会议决定杂志为季刊，取名为《应用概率统计》，编辑部设在华东师范大学数理统计系，由在京理事负责写申办报告，申请刊号，由魏宗舒和华东师范大学的教师在上海筹备编辑部和印刷事项。经过努力，1984 年杂志刊号获得批准，明确该杂志由中国科协主管，由中国概率统计学会主办，创刊号于 1985 年 8 月出版。

在一些学会、协会的学术活动中，魏先生经常宣传各种统计方法，希望实际工作者去应用。同时希望统计工作者到实际中去，帮助单位解决实际问题，从中发展统计，使统计在中国生根开花。在这些活动中，他结识了很多朋友，发现统计学者与工程师之间相互缺乏联系，缺少沟通渠道。于是他萌发了创办一个“统计沙龙”的想法，让工程师与统计学者之间有一个定期交往场所的想法。为避免外界对沙龙的误解，魏先生很慎重地为这个沙龙取了一个正式名称——统计应用研讨班。“统计沙龙”由上海地区的工程师和统计学者共同参加，每三周在魏先生家中的客厅活动一次。每次一个主题，由魏先生约请中心发言人。沙龙从 1988 年冬天开始直到 1993 年魏先生住院才不得不中止。这个沙龙在实际工作者与理论工作者之间架设起桥梁，起到了推动数理统计联系实际的作用。在沙龙上讨论的问题各种各样，讨论十分热烈，颇具启发性。有时对实际问题该如何解决大家能提出一些不同的解决方法，有时对一些概念经过争论统一了看法，这些对解决实际问题和推广统计方法都很有意义。

魏先生是美国数理统计学会的终身会员，他拥有一套完整的 *Annals of Statistics*。去世前，他把全部藏书捐献给华东师范大学图书馆，希望这些书还能为培养统计人才继续出力。

几十年来，魏先生孜孜不倦地埋头工作，在概率统计的研究和教学工作中倾注了毕生的心血。他忠于事业执着追求的精神，勇于创新敢为人先的胆略，联系实际严谨治学的态度，诲人不倦为人师表的风貌，成为我们宝贵的精神财富。

参考文献

[1] 茆诗松. “魏宗舒”[M]//程民德. 中国现代数学家传: 第五卷. 南京: 江苏教育出版社, 2002: 138-148.

[2] 魏宗舒. 概率论与数理统计教程 [M]. 北京：高等教育出版社, 1983.

[3] CRAMER H. 统计学数学方法 [M]. 魏宗舒, 郑朴, 吴锦, 译. 上海：上海科学技术出版社, 1966.

5.5　将现场数理统计引入质量管理的推进者——访华东师范大学茆诗松教授①

编者按: 茆诗松教授是我国著名的数理统计专家，华东师范大学终身教授、博士生导师，我国数理统计专业的开拓者之一。在 20 世纪 70 年代，茆教授就投身数理

① 上海质量，2005(7): 26-27。

统计的理论研究和实践探索，率先将数理统计引入质量管理，为上海乃至全国的质量事业作出了杰出的贡献。他撰写的《概率论与数理统计》《试验设计》《贝叶斯统计》等十多本统计学专著，大多被选作高校统计学专业的教材，其中《概率论与数理统计》《概率论与数理统计习题与解答》获得了 2002 年全国普通高等学校优秀教材一等奖。多年来，茆诗松教授致力于数理统计在质量管理领域的应用，他对应用统计方法解决经济建设的实际问题有强烈的责任感，编写质量工程师教材、推广六西格玛管理等卓有成效，被国家质检总局授予全国质量管理突出贡献奖。7 月 5 日，茆诗松教授被聘为上海质量管理科学研究院的终身研究员。为了解数理统计这一专业在我国质量领域的应用与发展，本刊记者专访了茆诗松教授。

采访茆诗松教授，我们是在上海质量管理科学研究院，因为茆教授每周都要来这里给质科院年轻的科研人员上课。而采访的地点，正是他上课的教室，教室的白板上还留着茆教授的板书。茆诗松是华东师范大学终身教授，我国数理统计方面的专家。作为我国数理统计专业的开拓者之一，当年正是在茆教授等一批致力于数理统计学者的带动下，我国首次在复旦大学、南开大学、华东师范大学设立了数理统计专业，开此先河，为我国数理统计专业培养了大批人才，推动了数理统计在我国质量管理领域的应用。对于许多人来说数理统计是非常枯燥、非常头痛的，而茆教授谈起来却像一曲多瑙河之波那样流畅，枯燥的数学符号变成了欢快的音节，几十年的乐在其中溢于言表。

5.5.1 在他手里，“数理统计”变成一门专业

茆教授今年已经 70 岁。回顾当年数理统计专业建立的情景，茆教授意犹未尽。茆诗松教授是数学出身，早期从事信息论研究，后从事数理统计专业的教学与研究。在今天的人们看来，这是自然而然的事情，因为我们已经明白了统计的基础，明白了统计和概率一衣带水的关系。但是当年，在 20 世纪六七十年代的中国，概率论与数理统计是什么关系，数理统计有什么意义，人们并没有意识到。

当年，茆诗松从华东师范大学数学系毕业，留校任教。“文革”期间，茆诗松到工厂生产一线劳动时，看到了试验设计的应用价值，萌发了将数理统计运用于生产实践的念头。茆诗松教授清晰地记得，和同事们一起，第一个解决的问题是在橡胶行业。他们运用试验设计这种工具，指导企业解决了橡胶配方的优化问题。后来还帮助上海钢铁研究所解决了合金钢的膨胀系数与特种灯泡玻璃的膨胀系数相匹配的问题，大大延长了灯泡的使用寿命。从这些事件中，茆教授感到数理统计在解决生产中的质量问题方面很有用。那时候，上海钢铁研究所在吴淞，离华东师范大学很远，交通也不便利，他要每天挤车从华东师范大学赶过去，可是每天都很有劲。说到

这段，茆诗松很兴奋，仿佛又回到了当年孕育成果的情景，还有年轻时那股子拼劲。正是这段经历，让茆诗松教授从产品的可靠性只有试验才能获悉的实践中，产生了对数理统计的钟爱，从此立志于此。

20 世纪 80 年代初，茆诗松和华东师范大学数学系的几位教授对数理统计开展了深入的探索研究，从调查中他们看到，英美等发达国家，几乎每所大学都有统计学专业。而我国的统计不承认“分布”，还算不上真正意义上的数理统计。在调查研究的基础上，他们向校长提出了在我国高等院校设立数理统计专业的设想，并向教育部门提交了一份专题调查报告。到了 1983 年，这个设想终于变成现实，教育部批准了这一专业的设立。那一年凭着有一批像茆诗松教授一样的教师队伍，华东师范大学与复旦大学、南开大学一起成为第一批开设数理统计专业的高校。第二年，华东师范大学的数理统计专业从数学系分离出来，成立数理统计系，茆诗松教授是第一任系主任，一直到 1994 年。与此同时，在茆教授等一批专家学者的努力下，中国概率统计学会的学术期刊《应用概率统计》于 1985 年出版，编辑部设在华东师范大学统计系，至今已在出版第 21 卷。

5.5.2 借“数理统计”的梯子，登高摘苹果

数理统计是枯燥的，是什么让茆诗松教授坚持这么多年而乐此不疲？从推动这一专业在我国的建立，到编写、出版一系列学术专著与教材，茆教授在这一领域孜孜不倦，其原因用茆教授的话说: 他能从数据中看出问题！从数据中看到的问题就能够解决生产实践中的问题，就能摘得更高的苹果，这就有很大的乐趣。能从沙中发现黄金，能借助数理统计这把“梯子”摘到更高的苹果确实让人喜悦。一次去一个工厂，厂里的生产数据记录的时间都是 2 小时、3 小时，茆教授就问，没有 2.5 小时的吗？一针见血地指出数据的失实。没有准确的数据就解决不了问题！工厂的厂长感慨茆教授的认真。茆教授的认真，是因为他从心眼里希望数理统计能够帮助企业去摘那“跳一跳才能够摘得到的苹果”。茆教授说，数理统计是“进口货”，要在中国生根，一定要到生产实践中去解决问题。有了成果，数理统计的价值才能被更多的人所认识，用它解决生产中的实际问题，我们经济建设的整体质量水平也就能大大提高。它和数学不一样，评判的标准还要有实际的效果。茆教授也是这样向他的学生传授的，他希望自己的学生有人搞应用，有人做理论。他承认，做理论研究的人，可能几个月就能够有一篇文章，可是做应用的人也许要一两年才会有结果。然而，茆教授还是希望自己的学生中，做应用的人多一点。

也许这就是这门专业的价值，也是数据能够给茆诗松带来的乐趣。

5.5.3 生产实践，需要数理统计这门应用学科

正是意识到数理统计在生产实践、在经济建设中的作用，推动这项工作就成了茆教授最开心的事情。2001 年，我国建立质量专业技术人员职业资格考试制度，66 岁的茆教授一下子又忙碌起来，又是编写教材，又是培训辅导老师。用茆教授的话说，国家经济建设需要数理统计这样的应用学科，统计在经济建设上的应用价值得到了政府的认同，由国家主管部门出面推行数理统计，让我特别兴奋！只要推广数理统计，让他做什么都愿意。

统计必须和生产实践相结合，这句茆教授反反复复挂在嘴上的话，他也认真实践着。茆诗松经常对自己的学生说，数理统计大有前途，将来毕业了，可以在质量管理领域学以致用。因为在质量管理这门学科中，数理统计可以发挥巨大的作用。有了数理统计的基础，就有了成为一名出色的质量工程师的条件，掌握数理统计知识在经济建设，尤其在质量管理方面会很有作为！

关注质量工作，茆教授成了上海质量管理科学研究院的研究员，还做成了几件“不容易”的事情。一是在《应用概率统计》这本刊物上的合作；另一件就是在职人员“现代统计质量管理研究生课程进修班”成功举办。今年 1 月 27 日，为期两年的研究生进修班举行了结业典礼。24 名来自各行各业的质量工作者，拿到了自己的结业证书。这本结业证书的意义非同一般，因为这是全国第一次开设与质量管理紧密相连的研究生课程进修班。这正是上海质量管理科学研究院和华东师范大学统计系合作举办的，它的举办推动了统计学科在质量管理学科中的运用。

现在每周茆教授都会到上海质量管理科学研究院来与科研人员们共同讨论统计质量问题，有时还讲授一些新方法，介绍一些新思想。他说，希望自己能为质量科学领域多培养些懂统计、懂质量，又能应用于实践的人。对于现在应用于生产实践的六西格玛管理，茆教授说，只有充分运用数理统计的工具才能摘到挂得更高的苹果，否则不过是捡起地上的苹果。所以茆教授说，希望自己能多教点给自己的学生们。

这些事情，对于 70 岁的茆教授来说，是辛苦的，多年的教学生涯和笔耕让茆教授如今有严重的腰椎间盘突出，但是能为推动统计学科在生产实践中的运用多做点事情，茆教授说起来竟是喜笑颜开的。

5.5.4 数理统计，能解决深层次质量问题

采访结束，我们希望茆教授给年轻的质量工作者谈些什么。

我们的话还没问完，茆教授就说：“中国的质量问题要解决，没有数理统计永远是低水平的！就不能解决深层次的质量问题。”

发达国家和地区的质量管理都非常重视数理统计，没有这个基础，我们的质量管理永远是跟在别人的后面。茆教授希望质量工作者，不要放松数理统计这一块。

在当前我们呼唤创新的情况下，要实现创新，统计可以发挥作用，这是茆教授给出的第二条建议。在创新的过程中，试验设计等统计方法是很好的工具，可以帮助设计者少走弯路。

当问起如何学好统计，茆教授给了两句话：一是要有“随机”的概念，另一是要有“分布”观念。因为质量特性都是随机的，你只能看到局部的现象，有了“分布”观念，就可以掌握整体的情况。简简单单两句话道出了数理统计的真谛。不过茆教授的众多著作都可以指引莘莘学子学习这门专业，而茆教授与周纪芗教授的《概率论与数理统计》《概率论与数理统计习题与解答》两本教材更是其心血之作。临近退休茆教授才开始这两本教材的写作，厚积薄发，第二版就获得了全国普通高等学校优秀教材一等奖（2002 年）；他还编写了一本数学系学生选用的《概率论与数理统计教程》，北京大学的陈家鼎教授称之为“贴近时代的教材”，这也是茆教授给广大学子的最好礼物。

“运用数理统计，可以帮助中国经济建设得一年比一年好！”

茆教授期望致力于质量事业的每一个人，掌握科学理论、运用有效方法，在全面建成小康社会中发挥出应有的作用。

5.6　数据人生①

茆诗松，我国著名数理统计专家，华东师范大学终身教授、博士生导师，我国数理统计专业的开拓者之一。多年来，茆诗松教授致力于数理统计在质量管理领域的应用，应用统计方法解决经济建设的实际问题，编写质量工程师教材，推广六西格玛管理等卓有成效，被国家质检总局授予全国质量管理突出贡献奖。

茆诗松编撰了《质量管理统计方法》《回归分析及其试验设计》《经营决策》《贝叶斯统计》《退化数据统计分析》等众多著作。参与制定的《寿命试验和加速寿命试验数据处理方法》1980 年获第四机械工业部科技成果一等奖、国防科工委重大技术改进成果二等奖；《彩色电视接收机综合标准》1990 年获机械电子工业部科技进步奖一等奖；《正态分布区间估计系数表》1992 年获航空航天工业部科技进步奖二等奖。

① 严钦，质量与标准化，2014（3）：17-20。

传道授业，献了青春献终身。投身教育 50 余载的茆诗松和统计学打了一辈子交道，毕生都在数据分析中寻找属于自己的乐趣。按他自己的话来说，“这既是对专业的尊重，也是自我价值的实现。”

1982 年，茆诗松在工作中与质量管理结缘，这让他找到了“新的价值”，开始努力推动数理统计在质量管理领域的应用发展。

5.6.1 时间都去哪儿了

“我这一辈子都活在数字里”，言语交谈间，茆诗松的话简洁而不加修饰，一如他平易近人的朴素穿着，干净中透着一丝自信。

1936 年出生的茆诗松年近耄耋，却依旧思维敏捷、条理清楚。他把这归功于长期从事的统计研究和教学工作，“算是一种职业病吧，脑子闲不住”，摸着略显凌乱的灰白头发，一双微微眯起的眼睛，眼角不自觉地往上翘，藏着掩饰不住的快乐。

茆诗松说，他看过 2014 年中央电视台的春节联欢晚会，歌手王铮亮的那首《时间都去哪儿了》让他心生感触。“后来，我也时不时地会问自己，时间到底都去哪儿了？”

数学专业科班出身的茆诗松，1958 年从华东师范大学毕业后投身教育。从那时起，他就与数学的一个重要应用学科——统计学“私订终身”了。“能从一大堆杂乱无章的数据中，理出个头绪，进而总结出规律，那种成就感很难用语言来形容。”面对整天需要与数字打交道的统计学，茆诗松非但没有感觉到常人眼中的枯燥乏味，反而乐在其中。

后来，茆诗松被国家选派到苏联公费留学。谈及这段为期两年的求学经历，茆诗松直言非常幸运，可以完整地接受概率论的系统教育，并且有机会接触到被翻译成俄文的其他国家的专业书籍，这些为他今后的数理统计事业打下了扎实的基础。

“我越来越迫切地感觉到，数理统计对于提升社会管理质量和效率的重要意义。”1963 年，学成归国的茆诗松回到华东师范大学继续任教，倾心致力于数理统计的教学、研究和推广普及。

投身教育 50 余载，从一名普通的青年教师成长为博士生导师，从担任系主任管理岗位到被授予华东师范大学“终身教授”荣誉。轻抚着一张张代表“桃李满天下”的毕业留影，茆诗松动情地说：“我的时间都在这儿！”

5.6.2 师者，传道授业解惑也

新中国成立初，国家百废待兴，人们无暇顾及统计学的发展，全国没有一所高校开设“概率论与数理统计”课程，也找不到一本专业教材。直到 1956 年，北京大学在当时“向科学进军”的号召下，率先开设这一课程。三年之后，华东师范大学成立“概率论与数理统计教研室”。

“那会儿的专业老师和学习教材都极度匮乏”，茆诗松回忆说，当时国内统计学比较知名的只有屈指可数的几个海归博士，“包括北京大学的许宝騄、中国科学院的徐钟济、中国人民大学的戴世光和华东师范大学的魏宗舒”，对于他这样初出茅庐的青年教师来说，这既是挑战也是机遇。

“没有现成的教材可以参考，只能到处去图书馆和书店淘书”，在与茆诗松共事超过 30 年的周纪芗教授眼里，茆诗松对于传道授业有着近乎狂热的追求，可以为了一个新观点与人连续讨论数个小时而忘了饭点，有时甚至争得脸红脖子粗却不自觉，“在他的心里，数理统计是一门严肃的学科，需要缜密的逻辑和翔实的数据来支撑。”

1980 年，华东师范大学开全国之先河，率先提出增设数理统计专业，历时三年之后，获得教育部批准。1983 年，华东师范大学数理统计系成立，茆诗松任首届系主任。他先后培养了 4 名博士后，18 名博士研究生，54 名硕士研究生，组织编撰了

数十本高校教材和学术专著，其中《概率论与数理统计》和《概率论与数理统计习题与解答》获得了 2002 年全国普通高等学校优秀教材一等奖。

5.6.3　结缘质量，为我打开一扇窗

“搞数理统计不能闭门造车，只有真正应用到生产实践领域，才能体现出它的价值，让数理统计真正在中国生根。”在完成日常的教学任务外，茆诗松萌发了将数理统计运用到工厂生产一线的念头。

“第一个解决的问题是在橡胶行业”，茆诗松清楚地记得，那时他经常往返于学校和上海橡胶厂之间，“一次又一次地去，很辛苦，而且不收一分钱，完全免费。当时的目的很简单，就是希望能够说服厂里的领导，数理统计有助于帮助厂里提高产品质量，增加效益。”茆诗松的诚意终于得到了接纳。经过上海橡胶厂的同意，他和同事在经过现场调研和实验之后，成功指导工厂解决了橡胶配方的优化问题。

后来，他又带着同事帮助上海钢铁研究所解决了合金钢的膨胀系数与特种灯泡玻璃的膨胀系数相匹配的问题，大大延长了灯泡的使用寿命。“有了这些成功的经验，我觉得数理统计在解决生产中的质量问题方面很有用。”兴奋的茆诗松，仿佛又回到了当时的情景，年轻时那股子拼劲依稀可见。

“1982 年，我们的工作受到了市经委的重视。”当时，上海市经济委员会质量处和华东师范大学合作开办了两年制的全脱产数理统计职工专修班，此后陆续办了四届。当时的毕业生，有许多已经成长为政府和企业质量管理部门的负责人。“这一次的结缘，为我打开了一扇新的窗，有机会在质量管理领域系统推广数理统计应用。”

1994 年，辞去行政职务的茆诗松更加专注于数理统计在质量管理领域的应用推广。“我希望能用自己的知识和经验，帮助质量领域的工作人员少走弯路。”

2001 年，我国建立质量专业技术人员职业资格考试制度，时年 65 岁的茆诗松一下子又忙碌起来，又是编写教材，又是培训辅导老师，为质量科学领域培养了一批又一批懂统计、懂质量，又能应用于实践的人。

长期的高负荷工作，为茆诗松的健康敲响了警钟。一直颈椎不适的他，突然有一天瘫倒在床上。“我当时吓坏了，赶紧把他送到了医院。”茆诗松的爱人严惠萍回忆说，当时诊断是颈椎管狭窄，压迫血管和神经，导致运动功能障碍。“医生说他年纪太大，不能手术，只能采用保守康复治疗，最坏的结果是今后都要靠轮椅生活。”这样的结果给茆诗松一家带来了沉重的打击。

“我当时一度很消沉，后来转念一想，我不能放弃，我还有很多心愿未了，还要为质量数理统计事业再发挥一点余热!”凭着这份毅力和坚持，茆诗松的病情得到了奇迹般的恢复，再度开始了他的教学生涯。

“数理统计在经济建设上的应用价值得到了政府的认同，由国家主管部门出面推行数理统计，让我特别兴奋！要推广数理统计，让我做什么都愿意。”

● 6　数理统计教材建设

茆诗松教授笔耕不辍，参与编著出版的教材不仅数量多，而且质量高。茆诗松教授主编、参编或翻译的教材和专著高达 46 本，这些书被广大读者誉为“茆书”。其中，茆诗松教授、程依明副教授和濮晓龙教授共同编著的《概率论与数理统计教程》(高等教育出版社出版)是国内最具影响力的本科生教材之一。前三版分别于 2004 年 7 月、2011 年 2 月和 2019 年 11 月出版。《概率论与数理统计教程 (第三版)》获得 2021 年首届全国教材建设奖全国优秀教材一等奖。全国教材建设奖由国家教材委员会主办、教育部承办，每 4 年评选一次，是教材领域最高奖。另外，茆诗松教授和周纪芗教授共同编著的本科生教材《概率论与数理统计》(中国统计出版社出版)获得 2002 年全国普通高等学校优秀教材一等奖。茆诗松教授、王静龙教授和濮晓龙教授共同编著的研究生教材《高等数理统计》(高等教育出版社出版)分别于 1998 年 7 月、2006 年 5 月和 2022 年 12 月出版了第一、二、三版，是全国非常有影响力的研究生教材之一。

茆诗松教授主编、参编或翻译的教材和专著

[1] 上海师范大学数学系应用数学组. 概率初步. 上海: 上海人民出版社, 1975.

[2] 茆诗松, 丁元, 周纪芗, 等. 回归分析及其试验设计. 2 版. 上海: 华东师范大学出版社, 1981.

[3] 茆诗松, 王玲玲. 可靠性统计. 上海: 华东师范大学出版社, 1984.

[4] 茆诗松, 王静龙. 数理统计. 上海: 华东师范大学出版社, 1990.

[5] 上海市质量管理协会. 质量体系中的统计技术. 上海: 上海科学技术出版社, 1996.

[6] 张雪野, 茆诗松. 经营决策方法. 上海: 华东师范大学出版社, 1996.

[7] 茆诗松, 周纪芗. 概率论与数理统计. 北京: 中国统计出版社, 1996.

[8] 刘波. 中国证券市场实证分析. 上海: 学林出版社, 1997.
[9] 王万中, 茆诗松. 概率论与数理统计. 上海: 华东师范大学出版社, 1997.
[10] 茆诗松, 王玲玲. 加速寿命试验. 北京: 科学出版社, 1997.
[11] LAWLESS J F. 寿命数据中的统计模型与方法. 茆诗松, 濮晓龙, 刘忠, 译. 北京: 中国统计出版社, 1998.
[12] 茆诗松, 王静龙, 濮晓龙. 高等数理统计. 北京: 高等教育出版社, 1998.
[13] 茆诗松. 贝叶斯统计. 北京: 中国统计出版社, 1999.
[14] 王庆石, 卢兴普. 统计学案例教材. 大连: 东北财经大学出版社, 2000.
[15] 茆诗松, 周纪芗. 概率论与数理统计. 2 版. 北京: 中国统计出版社, 2000.
[16] 茆诗松, 周纪芗. 概率论与数理统计习题与解答. 北京: 中国统计出版社, 2000.
[17] 茆诗松, 魏振军. 随机世界探秘——概率统计初步. 上海: 上海教育出版社, 2000.
[18] 茆诗松. 统计学基础. 上海: 华东师范大学出版社, 2002.
[19] 上海质量管理科学研究院. 六西格玛核心教程: 黑带读本. 北京: 中国标准出版社, 2002.
[20] 茆诗松, 王静龙, 史定华, 等. 统计手册. 北京: 科学出版社, 2003.
[21] 茆诗松, 周纪芗, 陈颖. 试验设计. 北京: 中国统计出版社, 2004.
[22] 茆诗松, 程依明, 濮晓龙. 概率论与数理统计教程. 北京: 高等教育出版社, 2004.
[23] 茆诗松, 程依明, 濮晓龙. 概率论与数理统计教程习题与解答. 北京: 高等教育出版社, 2004.
[24] 茆诗松, 周纪芗, 陈颖. 试验设计——学习指导与习题. 北京: 中国统计出版社, 2005.
[25] 上海质量管理科学研究院. 六西格玛核心教程: 黑带读本. 修订版. 北京: 中国标准出版社, 2006.
[26] 茆诗松, 王静龙, 濮晓龙. 高等数理统计. 2 版. 北京: 高等教育出版社, 2006.
[27] 茆诗松, 周纪芗. 概率论与数理统计. 3 版. 北京: 中国统计出版社, 2007.
[28] 茆诗松, 周纪芗. 概率论与数理统计（第三版）——习题与解答. 北京: 中国统计出版社, 2008.
[29] 周纪芗, 茆诗松. 质量管理统计方法. 北京: 中国统计出版社, 2008.
[30] 茆诗松, 汤银才, 王玲玲. 可靠性统计. 北京: 高等教育出版社, 2008.
[31] 茆诗松, 贺思辉. 概率论与统计学. 武汉: 武汉大学出版社, 2010.
[32] 茆诗松, 吕晓玲. 数理统计学. 北京: 中国人民大学出版社, 2011.
[33] 茆诗松, 周纪芗, 陈颖. 试验设计. 2 版. 北京: 中国统计出版社, 2012.
[34] 茆诗松, 汤银才. 贝叶斯统计. 2 版. 北京: 中国统计出版社, 2012.

[35] 茆诗松, 濮晓龙, 程依明. 概率论与数理统计简明教程. 北京: 高等教育出版社, 2012.

[36] 茆诗松, 程依明, 濮晓龙. 概率论与数理统计教程（第二版）习题与解答. 北京: 高等教育出版社, 2012.

[37] 庄东辰, 茆诗松. 退化数据统计分析. 北京: 中国统计出版社, 2013.

[38] BENBOW D W, BROOME H W. 注册可靠性工程师手册. 2 版. 上海市质量协会, 上海质量管理科学研究院, 译. 北京: 中国质检出版社, 中国标准出版社, 2015.

[39] 茆诗松, 吕晓玲. 数理统计学. 2 版. 北京: 中国人民大学出版社, 2016.

[40] 茆诗松, 周纪芗. 工程统计学. 北京: 高等教育出版社, 2018.

[41] 茆诗松, 程依明, 濮晓龙. 概率论与数理统计教程. 3 版. 北京: 高等教育出版社, 2019.

[42] 茆诗松, 周纪芗, 周迎春, 等. 试验设计. 3 版. 北京: 中国统计出版社, 2020.

[43] 茆诗松, 周纪芗, 张日权. 概率论与数理统计（第四版）——习题与解答. 北京: 中国统计出版社, 2020.

[44] 茆诗松, 周纪芗, 张日权. 概率论与数理统计. 4 版. 北京: 中国统计出版社, 2020.

[45] 茆诗松, 程依明, 濮晓龙. 概率论与数理统计教程（第三版）习题与解答. 北京: 高等教育出版社, 2020.

[46] 茆诗松, 王静龙, 濮晓龙. 高等数理统计. 3 版. 北京: 高等教育出版社, 2022.

• 7　人才培养

茆诗松教授长期耕耘在科学研究第一线。早年，单位经费捉襟见肘，科研条件非常简陋甚至有些封闭，几乎没有条件支持订阅学术期刊尤其是外文期刊，更没有办法为教师们提供计算机、因特网等工作条件。茆诗松教授没有怨天尤人，克服了重重困难，先后指导了 18 位博士研究生、4 位博士后以及 54 位硕士研究生，他们在海内外高校、金融业、保险业、证券业、制药企业及政府部门的重要岗位上发挥着举足轻重的作用。

茆诗松教授指导的博士生

[1] 庄东辰. 退化失效模型及其统计分析. 上海: 华东师范大学, 1994.

[2] 张志华. 竞争失效产品加速寿命试验的统计分析. 上海: 华东师范大学, 1995.

[3] 罗旭. 半参数模型的经验欧氏似然. 上海: 华东师范大学, 1995.

[4] 刘忠. 衍生证券定价的非参数方法. 上海: 华东师范大学, 1998.

[5] 尤进红. GMANOVA-MANOVA 模型的统计分析. 上海: 华东师范大学, 1998.

[6] 周斌. 负相协序列极限定理与金融风险管理问题研究. 上海: 华东师范大学, 1999.

[7] 徐勤丰. 同时估计均值与方差的试验设计. 上海: 华东师范大学, 1999.

[8] 汤银才. 损伤失效率 (TFR) 模型与保序估计. 上海: 华东师范大学, 1999.

[9] 何基报. 资产价格模型及其非参数方法与应用. 上海: 华东师范大学, 2000.

[10] 濮晓龙. 关于累积和检验的研究与改进. 上海: 华东师范大学, 2000.

[11] 顾娟. 风险管理中风险度量的模型和方法. 上海: 华东师范大学, 2000.

[12] 王乃生. Bayes 风险价值与相关问题的研究. 上海: 华东师范大学, 2002.

[13] 卢一强. 变系数模型的研究与分析. 上海: 华东师范大学, 2003.

[14] 许之彦. 扩散过程的统计推断. 上海: 华东师范大学, 2003.

[15] 刘莉. 常利率下风险模型破产问题的研究. 上海: 华东师范大学, 2004.

[16] 曾林蕊. 半参数广义线性模型若干问题的研究. 上海: 华东师范大学, 2004.

[17] 张应山. 正交表的数据分析及其构造. 上海: 华东师范大学, 2006.

[18] 张晓琴. 正交饱和效应模型的统计分析. 上海: 华东师范大学, 2007.

茆诗松教授指导的博士后

[1] 刘义兴. 中国股票市场若干现象的实证分析. 1997.7—2000.1.

[2] 岳荣先. 关于随机化 (t, m, s)-网及 (t, s)-序列的效率研究. 1997.12—1999.5.

[3] 鹿长余. 实用的数量化证券投资策略研究. 1999.11—2002.6.

[4] 侯晓鸿. 我国天然橡胶期货风险控制参数设定的实证研究. 2002—2004.

茆诗松教授指导的硕士生

[1] 孙东初. 非参数回归函数的核估计和近邻估计的渐近性质. 上海: 华东师范大学, 1984.

[2] 赵江. 条件置信区间与非参数回归. 上海: 华东师范大学, 1984.

[3] 张彪. Weibull 分布参数及其可靠性指标的置信限. 上海: 华东师范大学, 1985.

[4] 徐兴忠. 二次型估计. 上海: 华东师范大学, 1985.

[5] 曲鹏. 位置–尺度参数族可靠度的置信下限. 上海: 华东师范大学, 1985.

[6] 单兆林. 关于多元污染正态分布判别分析的一些研究. 上海: 华东师范大学, 1986.

[7] 王文金. 不完全数据下多元正态母体参数的估计及检验. 上海: 华东师范大学, 1986.

[8] 钮德龄. 一类回归系数有偏估计的优良性和 SVR 系统的变量选择. 上海: 华东师范大学, 1986.

[9] 刘光汉. 多元指数分布的参数估计和假设检验. 上海: 华东师范大学, 1987.

[10] 张立民. BVE-分布的独立性检验和参数估计. 上海: 华东师范大学, 1987.

[11] 徐银如. 最优设计的若干问题. 上海: 华东师范大学, 1987.

[12] 樊顺厚. 多元线性模型的 ϕ-最优设计. 上海: 华东师范大学, 1987.

[13] 沈立基. 含异常值数据时间序列模型参数的广义 M 估计与 Bayes 估计. 上海: 华东师范大学, 1987.

[14] 王群. 重抽样的最优条件及渐近分布. 上海: 华东师范大学, 1987.

[15] 王蕾. 有效的有界影响自回归参数估计方法. 上海: 华东师范大学, 1987.

[16] 甘寅. Logistic 响应模型的渐近 $D(\theta)$-最优序贯设计. 上海: 华东师范大学, 1987.

[17] 秦进. 统计量中的 Jackknife 与 Bootstrap 逼近. 上海: 华东师范大学, 1987.

[18] 虞克明. ARMA 序列和非线性回归模型的 LS-E 的偏和均方误的分析. 上海: 华东师范大学, 1987.

[19] 陈平. 基于不完全观测的生存函数的非参数估计. 上海: 华东师范大学, 1987.

[20] 陈庆虎. 稳定性参数设计方法探讨. 上海: 华东师范大学, 1987.

[21] 陈振庆. Dirichlet 形式及其对称马程的有关性质. 上海: 华东师范大学, 1987.

[22] 刘虎. 多元威布尔分布及其在可靠性中的应用. 上海: 华东师范大学, 1988.

[23] 周明华. 关于线性模型中回归系数、方差及方差分量估计的一些结果. 上海: 华东师范大学, 1988.

[24] 张浩光. 多元线性模型中 ϕ-最优设计的充要条件. 上海: 华东师范大学, 1988.

[25] 李林元. 指数分布场合下加速寿命试验的最优设计. 上海: 华东师范大学, 1988.

[26] 王启华. 对参数估计大样本性质的一些研究. 上海: 华东师范大学, 1988.

[27] 王学民. 一个实际多指标抽样问题及样本的配置. 上海: 华东师范大学, 1988.

[28] 王炳兴. Weibull 分布的统计推断. 上海: 华东师范大学, 1988.

[29] 盛子宁. 非线性回归模型 LS 估计的序贯区域搜索法. 上海: 华东师范大学, 1988.

[30] 韩青. Weibull 分布定时截尾情形下的加速寿命的统计方法. 上海: 华东师范大学, 1988.

[31] 仲崇新. 加速寿命试验的 Bayes 方法. 上海: 华东师范大学, 1989.

[32] 唐德钧. 混合截尾样本的 Bayes 后验矩和 Bayes 区间估计的近似计算. 上海: 华东师范大学, 1989.

[33] 罗朝斌. 无失效数据的可靠性分析. 上海: 华东师范大学, 1989.

[34] 高道德. 线性回归模型中估计的稳健性和效率. 上海: 华东师范大学, 1989.

[35] 张志华. 参数 Bootstrap 方法及其在水文统计中的应用. 上海: 华东师范大学, 1990.

[36] 林金官. 关于对称污染的稳健 Bayes 与经验 Bayes 分析. 上海: 华东师范大学, 1990.

[37] 沈鸿. 有关 u 统计量的 Edgeworth 展开和 Bootstrap 逼近. 上海: 华东师范大学, 1990.

[38] 濮晓龙. 有错检查模型的参数估计. 上海: 华东师范大学, 1990.

[39] 夏剑锋. 无失效数据的多层 Bayes 分析. 上海: 华东师范大学, 1991.

[40] 孙祝岭. 若干模式结构可靠性的区间估计. 上海: 华东师范大学, 1992.
[41] 李文. 威布尔分布下步进应力加速寿命试验的统计分析. 上海: 华东师范大学, 1992.
[42] 陈军. 几种 Weibull 数据的处理方法. 上海: 华东师范大学, 1992.
[43] 张方红. 产品的退化模型及其统计分析. 上海: 华东师范大学, 1993.
[44] 强立. 只有一个失效或无失效情况下双参数指数分布的参数估计. 上海: 华东师范大学, 1993.
[45] 浦雯骥. 综合误差因子的研究. 上海: 华东师范大学, 1993.
[46] 满景龙. 步进应力加速寿命试验的统计分析. 上海: 华东师范大学, 1994.
[47] 皮六一. 上证指数的统计分析. 上海: 华东师范大学,1994.
[48] 何基报. 对数正态分布场合无失效的 BAYES 验证试验方案. 上海: 华东师范大学, 1997.
[49] 张丕一. MIFRA 的研究和指数分布置信限的渐近性质. 上海: 华东师范大学, 1997.
[50] 翟伟丽. 定时截尾寿命试验中的两个问题. 上海: 华东师范大学, 2001.
[51] 汪洋. 质量管理中的两个问题. 上海: 华东师范大学, 2002.
[52] 朱利平①. 提前攻读博士学位. 上海: 华东师范大学, 2003.
[53] 周成香. 正交表的数据分析及其构造. 上海: 华东师范大学, 2004.
[54] 李海芬. Pareto 分布的统计分析. 上海: 华东师范大学, 2004.

① 朱利平 2001 年 9 月攻读硕士学位，师从茆诗松先生。2003 年 9 月提前攻读博士学位，师从香港浸会大学教授、华东师范大学紫江学者朱力行老师。

● 8 科学研究与学术论文

茆诗松教授自 20 世纪 60 年代开始就积极投身于数理统计的理论研究和实践探索，并率先将数理统计引入到产品的质量管理、试验设计、可靠性和金融统计等领域，并将贝叶斯方法引入到寿命数据分析中，被视为中国贝叶斯统计的开拓者。在长达 50 多年的学术生涯中茆诗松教授在上述各领域共发表专业论文及科普论文 150 多篇，为数理统计的理论研究及其应用作出了杰出的贡献。

茆诗松教授公开发表的学术论文

[1] 茆诗松. 对称无记忆信道传输信息中错误概率的渐近估计 (俄文). 概率论及其应用 (苏联期刊), 1965(1): 1.

[2] 茆诗松, 费鹤良, 丁元. 用二个次序统计量作极值分布的参数估计. 上海师范大学学报: 自然科学版, 1978(1): 1-17.

[3] 王坚永, 茆诗松, 周纪芗. 滚动轴承疲劳寿命的截尾试验和寿命分布参数的估计方法. 轴承, 1979(6): 15-25.

[4] 王坚永, 茆诗松, 周纪芗. 滚动轴承疲劳寿命的截尾试验和寿命分布参数的估计方法. 轴承, 1980(1): 14-24.

[5] 茆诗松, 程依明. 恒定应力加速寿命试验数据分析的改进. 福建师范大学学报: 自然科学版, 1982(2): 23-28.

[6] 周纪芗, 茆诗松. 求响应曲面的极小极大估计的计算机方法. 华东师范大学学报: 自然科学版, 1983(3): 13-18.

[7] 茆诗松. 对发展数理统计学科的看法和建议. 高教战线, 1984(1): 27-28.

[8] 茆诗松. 指数分布场合下步进应力加速寿命试验的统计分析. 应用数学学报, 1985, 8(3): 311-316.

[9] 茆诗松, 林举干, 孙守诚, 等. 耐热钢寿命试验的统计模型. 应用概率统计, 1985, 1(1): 47-52.

[10] KOTZ S, MAO S S, JOHNSON N L. Effects of inspection errors on curtailed Dorfman-type procedures. *Communications in Statistics-Theory and Methods*, 1986, 15(3): 831-838.

[11] MAO S S, KOTZ S, JOHNSON N L. Estimation by moments in a model of faulty inspection. *Journal of Statistical Computation and Simulation*, 1986, 23(4): 265-272.

[12] 茆诗松. 恒定应力加速寿命试验的贝叶斯方法. 应用概率统计, 1987, 3(3): 264-269.

[13] SINGPURWALLA N D, MAO S S. Reliability analysis using Weibull lifetime data and expert opinion. *IEEE Transactions on Reliability*, 1988, 37(3): 340-347.

[14] 王玲玲, 岳新年, 茆诗松. 加速寿命试验的非参数统计分析方法. 数理统计与应用概率, 1989, 4(4): 478-488.

[15] 茆诗松. 简单步进应力加速寿命试验及其最优设计. 应用概率统计, 1989, 5(2): 173-179.

[16] 茆诗松, 罗朝斌. 无失效数据的可靠性分析. 数理统计与应用概率, 1989, 4(4): 489-506.

[17] 张雪野, 茆诗松. 效用函数及其应用. 数理统计与应用概率, 1990, 5(4): 411-418.

[18] 张雪野, 茆诗松. 经营决策中的统计方法 (上). 上海统计, 1990(9): 26-31.

[19] 杨士特, 杨惠敏, 茆诗松, 等. 低压电机快速试验的统计分析. 应用概率统计, 1990, 6(1): 108-112.

[20] 茆诗松. 田口方法及其有关问题. 质量管理, 1990(4): 21-23.

[21] 茆诗松, 马逢时, 吴建福. 序贯淘汰水平法——一种利用正交表的搜索方法. 应用概率统计, 1990, 6(2): 185-203.

[22] 韩清, 王玲玲, 茆诗松. 利用专家意见确定先验分布制定 Bayes 验证试验方案. 数理统计与应用概率, 1990, 5(4): 422-430.

[23] 张雪野, 茆诗松. 经营决策中的统计方法 (下). 上海统计, 1991(10): 22-26.

[24] 程依明, 茆诗松. 寿命试验中分样本方法的统计分析. 数理统计与应用概率, 1991, 6(2): 255-265.

[25] 王玲玲, 茆诗松. 指数分布下交叉应力步加试验的统计分析. 应用概率统计, 1991, 7(4): 406-414.

[26] 茆诗松, 王金玉. 田口思想及方法的研究. 自然杂志, 1991, 14(3): 163-169.

[27] 茆诗松, 韩青. Weibull 分布定时截尾样本下寿命试验与加速寿命试验的统计分布. 应用概率统计, 1991, 7(1): 61-72.

[28] 茆诗松, 夏剑锋. The hierarchical Bayesian analysis of the zero-failure data. 高校应用数学学报: A 辑, 1992, 7(3): 411-421.

[29] 师忠秀, 茆诗松. 具有未知参数的两参数 weibull 分布的 Bayes 分析. 洛阳工学院学报, 1992, 13(4): 23-30.

[30] 王静龙, 茆诗松. MLR 分布族无失效时可靠度的置信下限. 华东师范大学学报: 自然科学版, 1992(4): 32-37.

[31] 师忠秀, 茆诗松. Bayes 方法在滚动轴承寿命考核中的应用. 洛阳工学院学报, 1993, 14(2): 21-25.

[32] 仲崇新, 茆诗松. 指数分布场合下加速寿命试验的 Bayes 方法. 高校应用数学学报: A 辑, 1993, 8(4): 376-385.

[33] 茆诗松, 唐德钧. Bayes 区间估计的近似算法. 应用数学学报, 1993, 16(2): 158-170.

[34] 茆诗松, 夏剑锋, 管文琪. 轴承寿命试验中无失效数据的处理. 应用概率统计, 1993, 9(3): 325-331.

[35] 茆诗松, 李亿民, 陆淑兰, 等. 恒定应力加速寿命试验中无失效数据的处理. 应用概率统计, 1993, 9(2): 216-218.

[36] 茆诗松, 王金玉, 周纪芗. 参数设计思想与方法的研究. 应用概率统计, 1993, 9(4): 438-448.

[37] 张志华, 茆诗松. 具有竞争失效机理产品的简单步加寿命试验统计分析. 高校应用数学学报: A 辑, 1994, 9(4): 421-428.

[38] 皮六一, 茆诗松. 上海股市总体走势的统计研究. 上海统计, 1994(2): 5-8, 13.

[39] 茆诗松, 周纪芗, 浦文骥. 关于综合噪声因子的注释. 应用概率统计, 1994, 10(4): 391-398.

[40] 侯小丽, 茆诗松, 周纪芗. 参数设计的绝对偏差法. 应用概率统计, 1995, 10(3): 278-289.

[41] 刁成山, 郑国成, 茆诗松, 等. 传感器可靠性寿命试验的统计分析. 应用概率统计, 1995(1): 109-112.

[42] 张志华, 茆诗松. 指数分布场合下竞争失效产品的恒定应力加速寿命试验的统计分析. 应用概率统计, 1995, 11(3): 289-296.

[43] 濮晓龙, 茆诗松. 对数正态分布场合恒加试验的数据分析与容忍限. 应用概率统计, 1995, 11(4): 385-389.

[44] 王玲玲, 茆诗松, 王静, 等. 电动机平均寿命的零失效验收方案. 应用概率统计, 1995, 11(4): 439-442.

[45] 茆诗松, 周纪芗, 浦雯骥. 关于综合噪声因子的注释. 应用概率统计, 1995, 10(4): 391-398.

[46] 茆诗松, 濮晓龙, 刘贤鹏. 多人有误检查模型及参数估计. 应用概率统计, 1995, 11(1): 27-32.

[47] MAO S S, CHEN J. Bayesian analysis of data with only one failure. *Applied Mathematics: A Journal of Chinese Universities: Series* B, 1996(4): 435-444.

[48] 茆诗松, 程依明, 周斌, 等. 政策、扩容、消息对上海股市的影响. 上海证券报, 1996-03-31.

[49] 茆诗松, 徐国祥, 薛钧. 现阶段我国证券市场经济功能的统计测定研究 (总报告). 上海证券报, 1996-03-20(12).

[50] 庄东辰, 茆诗松. 混合系数线性模型的参数估计. 应用概率统计, 1996, 12(1): 81-87.

[51] 茆诗松, 张志华. 恒加试验中几种线性无偏估计及其比较. 应用概率统计, 1996, 13(3): 301-311.

[52] 茆诗松, 王玲玲, 濮晓龙. 威布尔分市场合无失效数据的可靠性分析. 应用概率统计, 1996, 12(1): 95-107.

[53] 茆诗松, 程依明, 张丕一, 等. 上海股市的有效性研究及与美国股市的比较. 统计与信息论坛, 1996, 11(1): 22-25.

[54] 茆诗松, 罗旭. 可加模型中参数的经验欧氏似然估计. 应用概率统计, 1996, 12(4): 383-392.

[55] 陈颖, 周纪芗, 茆诗松. 参数设计中的方差估计. 应用概率统计, 1996, 12(2): 201-209.

[56] 何基报, 茆诗松. 影响新兴股市的多因素模型及与中国股市的比较. 统计与信息论坛, 1997, 12(3): 35-42.

[57] 刘忠, 茆诗松. 分组数据的 Bayes 分析——Gibbs 抽样方法. 应用概率统计, 1997, 13(2): 211-216.

[58] 张志华, 茆诗松. 竞争失效产品加速寿命试验的广义线性模型分析. 华东师范大学学报: 自然科学版, 1997(1): 29-35.

[59] 茆诗松. 过程控制. 上海质量, 1997(1): 35-36.

[60] 茆诗松. 统计过程控制 (一). 上海质量, 1997(3): 30-31.
[61] 茆诗松. 统计过程控制 (二). 上海质量, 1997(4): 35-37.
[62] 茆诗松. 统计过程控制 (三). 上海质量, 1997(5): 29-30.
[63] 茆诗松. 统计过程控制 (四). 上海质量, 1997(6): 34-35.
[64] 茆诗松. 统计过程控制 (五). 上海质量, 1997(7): 28-29.
[65] 茆诗松. 统计过程控制 (六). 上海质量, 1997(8): 30-31.
[66] 茆诗松. 统计过程控制 (七). 上海质量, 1997(9): 30-31.
[67] 茆诗松. 统计过程控制 (八). 上海质量, 1997(10): 27-28.
[68] 茆诗松. 统计过程控制 (九). 上海质量, 1997(11): 30-32.
[69] 茆诗松. 统计过程控制 (十). 上海质量, 1997(12): 38-39.
[70] 茆诗松. 统计过程控制 (十一). 上海质量, 1998(1): 28-29.
[71] 茆诗松. 统计过程控制 (十二). 上海质量, 1998(2): 41-42.
[72] 茆诗松. 统计过程控制 (十三). 上海质量, 1998(3): 40-41.
[73] 茆诗松. 统计过程控制 (十四). 上海质量, 1998(4): 33-35.
[74] 茆诗松. 统计过程控制 (十五). 上海质量, 1998(5): 38-39.
[75] 茆诗松. 统计过程控制 (十六). 上海质量, 1998(6): 41-42.
[76] 茆诗松. 统计过程控制 (十七). 上海质量, 1998(7): 39-40.
[77] 茆诗松. 过程控制中的统计监控和最优化. 国际学术动态, 1997(5): 13-16.
[78] 何基报, 茆诗松. 对数正态分布场合的 BAYES 分析和大样本的后验分布. 应用概率统计, 1998, 14(3): 272-283.
[79] 刘忠, 茆诗松. 基于寿命期间数据的极大似然估计. 华东师范大学学报：自然科学版, 1998(2): 22-27.
[80] 张志华, 茆诗松. 恒加试验简单线性估计的改进. 高校应用数学学报, 1998, 12(4): 417-424.
[81] 张志华, 茆诗松. 指数分布场合下竞争失效产品加速寿命试验的 Bayes 估计. 应用概率统计, 1998, 14(1): 91-98.
[82] 戴平生, 周纪芗, 茆诗松. 噪声因子的水平设计. 应用概率统计, 1998, 14(4): 366-370.
[83] MAO S S, HE J B. Fractional ARIMA (p, d, q) model and its application in Shangzheng ndex//The First International Symposium, Intelligent Data Engineering and earning, October, 1998, HongKong.
[84] 茆诗松. 测量系统分析 (一). 上海质量, 1999(4): 34-35.
[85] 茆诗松. 测量系统分析 (二). 上海质量, 1999(5): 39-40.

[86] 茆诗松. 测量系统分析 (三). 上海质量, 1999(6): 34-35.

[87] 茆诗松. 测量系统分析 (四). 上海质量, 1999(7): 38-39.

[88] 茆诗松. 测量系统分析 (五). 上海质量, 1999(8): 38-39.

[89] 茆诗松. 测量系统分析 (六). 上海质量, 1999(9): 38-39.

[90] 茆诗松. 测量系统分析 (七). 上海质量, 1999(10): 41-42.

[91] YUE R X, MAO S S. On the variance of quadrature over scrambled nets and sequences. *Statistics and Probability Letters*, 1999, 44(3): 267-280.

[92] 刘宝友, 王燕, 茆诗松. 指数分布定时截尾寿命试验失效率的近似置信区间. 应用概率统计, 1999, 15(3): 234-239.

[93] 皮六一, 刘忠, 茆诗松. 持股市值、持股数量、持股种类的概率分布分析. 应用概率统计, 1999, 14(4): 386-394.

[94] 皮六一, 刘忠, 茆诗松. 持股市值、数量、种类的概率分布分析. 数量经济技术经济研究, 1999(11): 33-34.

[95] 茆诗松. 实验设计与分析 (书评). 数理统计与管理, 1999, 18(6).

[96] 何基报, 茆诗松. 几种基于 CAPM 的最优投资组合构造方案及其比较. 应用概率统计, 2000, 16(4): 398-408.

[97] 何基报, 茆诗松. 对数正态分布场合无失效的 Bayes 验证试验方案. 应用概率统计, 2000, 16(3): 239-248.

[98] 尤进红, 茆诗松. 具有 R.R.S. 结构的 GMANOVA-MANOVA 模型的影响分析. 华东师范大学学报: 自然科学版, 2000(2): 1-12.

[99] 茆诗松. 统计决策论及贝叶斯分析 (书评). 数理统计与管理, 2000, 19(2).

[100] 茆诗松, 刘忠. 期权价格函数的局部多项式估计. 应用概率统计, 2000, 16(1): 81-88.

[101] 茆诗松, 周纪芗. 退化数据的统计分析（一）. 上海质量, 2000(11): 50-52.

[102] 茆诗松, 周纪芗. 退化数据的统计分析（二）. 上海质量, 2000(12): 47-49.

[103] 顾娟, 茆诗松. 系统风险 Beta 系数的非参数估计. 应用概率统计, 2000, 16(2): 191-198.

[104] PANG W K, LEUNG P K, PU X L, MAO S S. Parameter estimate with only one complete failure observation using Monte Carlo EM algorithm. *International Journal of Reliability, Quality and Safety Engineering*, 2001, 8(2): 109-122.

[105] 刘小茂, 茆诗松. 混合系数线性模型参数的 Stein 估计. 数学物理学报: A 辑, 2001, 21(4): 453-457.

[106] 茆诗松, 周纪芗. 退化数据的统计分析（三）. 上海质量, 2001(1): 46-48.

[107] 茆诗松, 周纪芗. 退化数据的统计分析（四）. 上海质量, 2001(2): 51-53.

[108] 刘瑞元, 茆诗松. 步进应力加速寿命试验的最优设计. 应用概率统计, 2002, 18(1): 34-42.

[109] 翟伟丽, 茆诗松. 定时截尾场合下双参数指数分布的参数估计. 应用概率统计, 2002, 18(2): 197-204.

[110] 肖庆宪, 茆诗松. 汇率模型与期权定价. 应用概率统计, 2002, 18(1): 67-70.

[111] 顾娟, 茆诗松. 稳定分布的参数估计. 应用概率统计, 2002, 18(4): 342-346.

[112] 刘忠, 茆诗松. 风险中性过程的非参数估计. 应用概率统计, 2003, 19(4): 337-346.

[113] 张德然, 茆诗松. 高中概率统计教学中关于随机性数学思维的培养. 课程·教材·教法, 2003(9): 39-42.

[114] 茆诗松. 6σ 创立了新的质量评价体系——6σ 基本术语浅析 (上). 上海质量, 2003(1): 19-21.

[115] 茆诗松. 6σ 创立了新的质量评价体系——6σ 基本术语浅析 (下). 上海质量, 2003(2): 21-23.

[116] 茆诗松. 从寿命试验到加速寿命试验. 质量与可靠性, 2003(1): 8-12.

[117] 茆诗松. 加速寿命试验的加速模型. 质量与可靠性, 2003(2): 15-17.

[118] 茆诗松. 指数分布下的加速试验. 质量与可靠性, 2003(3): 14-18.

[119] 茆诗松. 加速系数与指数分布下的步加速试验. 质量与可靠性, 2003(4): 5-10.

[120] 茆诗松. 威布尔分布下的恒加试验的图分析法. 质量与可靠性, 2003(5): 14-18.

[121] 茆诗松. 威布尔分布下恒加试验数据的数值分析法. 质量与可靠性, 2003(6): 16-23.

[122] LU Y Q, MAO S S. Local asymptotics for B-spline estimators of the varying coefficient model. *Communications in Statistics: Theory and Methods*, 2004, 33(5): 1119-1138.

[123] 卢一强, 茆诗松. 单调回归模型及其在退化数据中的应用. 应用概率统计, 2004, 20(4): 352-358.

[124] 卢一强, 茆诗松. 非参数 Bayes 样条回归. 华东师范大学学报: 自然科学版, 2004(4): 33-39, 90.

[125] 张应山, 茆诗松. 统计学的哲学思想以及起源与发展. 统计研究, 2004(12): 52-59.

[126] 张建军, 张应山, 茆诗松. 均匀设计的等价原则及其构作. 河南师范大学学报: 自然科学版, 2004, 32(2): 9-14.

[127] 张德然, 茆诗松. 指数分布场合下同时存在异常大和异常小值的检验. 应用数学, 2004, 17(1): 55-60.

[128] 张德然, 茆诗松. 理赔为一般到达的常利率风险模型. 应用数学, 2004, 17(2): 192-196.

[129] 曾林蕊, 朱仲义, 茆诗松. 半参数广义线性模型的影响分析与异常点检验. 高校应用数学学报: A 辑, 2004, 19(3): 323-332.

[130] 李海芬, 茆诗松. Pareto 分布的检验. 徐州师范大学学报: 自然科学版, 2004, 22(3): 12-16.

[131] 王乃生, 茆诗松. Bayes 风险值. 数量经济技术经济研究, 2004(3): 91-99.

[132] 卢一强, 茆诗松. EV 回归的半参数部分线性模型的 Bayes 估计. 华东师范大学学报: 自然科学版, 2005(3): 31-36.

[133] 卢一强, 茆诗松. 变系数模型的 Bayes 样条估计. 应用概率统计, 2005, 21(1): 9-20.

[134] 卢一强, 茆诗松. 广义非参数回归的 B 样本贝叶斯估计. 应用数学, 2005, 18(1): 8-13.

[135] LIU L, MAO S S. The risk model of the expected discounted penalty function with constant interest force. *Acta Mathematica Scientia: Series* B, 2006, 26(3): 509-518.

[136] ZHU L P, ZHU L X, MAO S S. A non-iterative approach to estimating parameters in a linear structural equation model. *Journal of Applied Statistics*, 2006, 33(1): 65-78.

[137] ZHANG Y S, LI W G, MAO S S, et al. A simple method for constructing orthogonal arrays by the Kronecker sum. *Journal of Systems Science and Complexity*, 2006, 19(2): 266-273.

[138] 刘莉, 茆诗松. 关于口味比较的检验. 应用概率统计, 2006, 22(1): 21-26.

[139] 卢一强, 茆诗松. 广义变系数模型的 Bayesian B 样条估计. 系统科学与数学, 2006, 26(2): 169-177.

[140] 张应山, 茆诗松, 詹从赞, 等. 具有两种因果关系逻辑分析模型的稳定性结构. 应用概率统计, 2005, 21(4): 366-374.

[141] 张建军, 张应山, 茆诗松. 电感电路的稳健性参数设计. 河南师范大学学报: 自然科学版, 2006, 34(1): 8-14.

[142] 朱利平, 卢一强, 茆诗松. 混合指数分布的参数估计. 应用概率统计, 2006, 22(2): 137-150.

[143] 濮晓龙, 闫章更, 茆诗松, 等. 计数型序贯网图检验. 华东师范大学学报: 自然科学版, 2006(1): 63-71.

[144] 濮晓龙, 闫章更, 茆诗松, 等. 基于瑞利分布的计量型序贯网图检验. 华东师范大学学报: 自然科学版, 2006(5): 87-92.

[145] 茆诗松. 属性数据的测量系统分析 (上). 上海质量, 2006(2): 68-70.

[146] 茆诗松. 属性数据的测量系统分析 (下). 上海质量, 2006(3): 69-71.

[147] 张应山, 张晓琴, 潘长缘, 田金亭, 茆诗松. 正交平衡区组设计的基本理论//第一届中国试验设计与质量改进会议论文集. 2007: 44-68.

[148] 张应山, 张晓琴, 潘长缘, 田金亭, 茆诗松. 正交平衡区组设计的统计分析//第一届中国试验设计与质量改进会议论文集. 2007: 70-87.

[149] 张晓琴, 张应山, 茆诗松. 分析正交饱和设计的一种新方法——零效应搜索法//第一届中国试验设计与质量改进会议论文集. 2007: 133-142.

[150] 濮晓龙, 闫章更, 茆诗松, 等. 计数型二次序贯网图检验. 应用概率统计, 2007, 23(1): 77-83.

[151] 张晓琴, 张应山, 茆诗松. 二水平正交饱和设计的统计分析: 零效应搜索法. 华东师范大学学报: 自然科学版, 2008(1): 51-59.

[152] 潘长缘, 陈雪平, 张应山, 茆诗松. 中医五行学的逻辑模型. 中华现代中医学杂志, 2008(3): 193-195.

[153] 茆诗松. 漫谈平均数. 数学教学, 2008(9): 7-8, 15.

[154] 茆诗松. 漫谈假设检验. 数学教学, 2009(2): 3-7, 14.

[155] 茆诗松, 乐培正, 李俊. 漫谈方差. 数学教学, 2010(7): 1-3.

[156] 茆诗松, 随倩倩, 李俊. 漫谈中心极限定理. 数学通报, 2010, 49(12): 16-20.

[157] ZHANG Y S, LI W G, MAO S S, et al. Orthogonal arrays obtained by generalized difference matrices with g levels. *Science China: Mathematics*, 2011, 54(1): 133-143.

[158] 茆诗松. 我国数理统计学的一位奠基者——记魏宗舒教授. 高等数学研究, 2017, 20(4): 122-125.

第三部分

回 忆 文 章

这一系列怀念茆诗松先生的回忆文章，汇聚了亲友、同事、朋友及弟子们对这位杰出统计学家的深切缅怀与崇高敬意，它们从多个维度展现了茆诗松先生辉煌的学术生涯、高尚的师德风范、深远的社会影响以及独特的人格魅力。

茆诗松先生被赞誉为统计理论与应用的巨擘，他积极推动统计方法在现实场景中的应用与推广，编写的教材影响了几代学子，为我国统计教育事业的发展打下了坚实基础。作为导师，他悉心指导学生，以丰富的学识和耐心的教诲点燃了学生对统计的热情，培养了一批批优秀的统计人才，被誉为学术道路上的引路人。他的人生际遇中充满了与他人真诚的交往和深厚的友谊，他的谦和与包容赢得了广泛的敬重与爱戴。

这一系列怀念文章满怀深情地刻画了茆诗松先生作为一位卓越学者、慈爱导师、友善同仁和统计学科先驱的光辉形象，生动展现了他一生对统计科学的热爱与执着追求，对教育事业的无私奉献，以及对社会进步的卓越贡献。

在茆诗松先生追思会上的发言

陈松蹊

我由于在郑州参加中国统计学年会，不能亲临现场参加茆诗松先生的追思会，感到非常抱歉！但是我一直在线上观看，尤其是刚才周斌老师做的关于茆先生的介绍，我学习到很多，也感触良多。

茆先生和我的父亲都是 1936 年夏天出生的，生长在中国那个非常苦难的年代。茆先生于 1954 年至 1958 年在华东师范大学读书，之后去了苏联留学，本来学习的是信息论，但是回国后发现这方面的应用缺乏前景，便转而开始进行统计学的研究。我感到这是非常精彩的，在那么困难的时期，它体现了茆先生的家国情怀。

中国概率统计学会的网站也刊登了怀念茆先生的文章，我今天中午的时候还在读。文章详细介绍了茆先生 1965 年开始做统计的应用研究，1972 年开始组织学习试验设计，后来到美国威斯康星大学麦迪逊分校访问交流，1979 年开始承担上海市质量管理中商品质量抽查工作，做质量控制方面的研究。在那个年代，茆先生做的就是以问题驱动、以国家重大需求驱动的统计学研究、数学研究。茆先生一开始也是做的数学方面的研究，学习的是信息论，后来发现有很多数据，就开始做统计学研究。我们现在看这个事情，看茆先生精彩的一生，尤其是这一段经历，对我们来说都是非常值得学习的。国家提出四个面向：面向世界科技前沿、面向经济主战场、面向国家重大需求、面向人民生命健康。今天我们所处的人工智能时代，面临的统计学研究，都以问题为驱动，是顺应时代发展需求的。茆先生以身作则，从 60 年代开始，就在做这件事情，让人非常感动，给我们做了一个非常好的榜样。

1980 年，茆先生和魏宗舒先生一起向教育部建议成立数理统计专业，虽然当时教育部回复说师范学校应该要好好培养教师，因此没有同意，但是茆先生没有放弃。1983 年再次申请，教育部同意在华东师范大学、北京大学和南开大学三所学校设立数理统计专业。1984 年，华东师范大学成立了全国第一个数理统计系，这是中国统计学科发展的一个重要里程碑，为我们今天的统计学科打下了坚实的基础。前人种树后人乘凉，今天我们要感谢茆先生及其他前辈们为开创统计学科所做的工作和巨大贡献。

在学科建设方面，我们目前正面临着很大的挑战。统计学目前是理学的 12 个门类里唯一没有进入基础学科拔尖学生培养计划的。因此，今年我在全国政协会议上，就尽快将统计学增加为基础学科拔尖学生培养计划中做出了提案。前辈先生们在 70 年代、80 年代、90 年代开展的统计学工作，为我们创立了一个非常好的平台，为我们推进学科发展提供了背景。统计学这棵树当时就种下了，现在我们要把这棵树继续种好，要把学科传承好。

今天，我在此呼吁统计界的同仁一起共同努力，继续把先生们的这些工作传承下去，继续发扬光大！

最后，我谨代表中国概率统计学会向茆先生的夫人严惠萍老师及亲属致以深切的慰问，茆先生的精神是永存的。我们会继续努力，完成先生的期望，共同助力统计学科的发展！

悼念茆诗松老师

胡启迪

我怀着沉痛和崇敬的心情，参加了今天由华东师范大学统计学院举办的深切缅怀茆诗松先生的追思会。茆诗松先生是我一生的师友，我们相识至今已 65 年了。今他却驾鹤西去，与世长辞，令人极为悲痛。追思茆诗松老师，我想到有三点：

第一，早在青年时期，茆老师就是我们青年学生学习的榜样。我今年已是 83 足岁的人了，回顾自己的人生道路，茆诗松老师正是我走入今日人生道路的重要影响人。1958 年，全国高校正处教育大革命时期，他是我们数学系 57 级的级主任。当时教师组成了年级组，他与其他老师一起，与我们学生打成一片，有事共商量，同甘共苦，干劲十足，探索数学理论与生产实际联系的培养方案，进行教学与科研实践。刚才，在介绍茆老师的生平中，有一张他在北新泾炼焦厂与学生一起劳动的照片，那是在 1959 年暑假，照片中的学生就是我们年级的同学。虽然今天作为历史的回顾，当时的实践存在许多曲折教训，但当年师生纯朴的革命情谊、攻坚克难的向上力量，锻炼和培育了年轻一代。我从茆老师身上，学到了一个青年应该有坚定正确的政治方向：为祖国的强盛而奋斗；应该有刻苦好学、业务精湛、勇于实践、勤于开拓的优良学风，增强为人民服务的本领；激励我们一生走又红又专道路，并成为自己的努力目标。在茆老师等一批数学系青年共产党员的榜样影响下，我也在 1960 年加入了共产党，实现了人生道路的转折。

第二，茆老师为人正直，敢于直言，爱憎分明，乐于助人，是我学习的好榜样。1961 年我毕业留校后，又成为茆老师的同事。在相处中，我对他这特征鲜明的人品，又有了新的感受。“文革”初期，我被关进牛棚，与周围人疏离了，当时茆老师也被靠边，但他仍主动接近我，给予我同情、关心。“文革”中有相当一段时间，我俩接触密切，除下乡、下厂外，每天清晨我从提篮桥家中骑自行车到他武进路家，然后一起去学校“斗、批、改”。夜里又一起经他家回家。沿路开怀畅谈形势、国家大事，十分亲切。之后工农兵学员进校后，他忙于统计应用组一批学生的教学，我专注控制论组一批学生的教学实践，我们见面相应趋少，只偶尔交谈，但他仍不时鼓励我要坚持探索实践。岁月滚滚，几十年过去，我们 57 级校友几次聚会，他多次应邀，热情参加，甚至坐着轮椅前来，激情感言，喜形于色，彰显师生情谊。他为校友获取的成绩喜悦，他也深受同学爱戴。在这里我也要转达 57 级校友对茆诗松老师的深切怀念。

第三，他对数学理论联系实际，特别是探索数理统计学科在生产实践和经济建设中的作用和价值，毕生奋斗，终身追求，给我留下了深刻印象。他从青年至毕生，为其鼓与呼；为其探索与组织；为其至生产第一线调研；为其建专业、建系，直至今天已成统计学院；为其组建师资队伍；为其编教材、组织培训队伍，最终站在学术成果的高平台上；为其喜与乐。当他看到数理统计在经济建设上的应用价值得到政府认同，由国家主管部门出面推行数理统计时，他说：“让我特别兴奋！要推广数理统计，让我做什么都愿意。”老年时，他倾心于数理统计在质量管理领域上的应用。他说：“要为质量科学领域培养一批懂统计、懂质量，又能应用于实践的人，这样的人能把统计变成生产力。”“只有充分运用数理统计工具，才能摘到挂得更高的苹果。否则，不过是捡起地上的苹果。”他用情宣传，生动讲话，希望自己能把多一点所学所获传授给自己的学生们，让更多的人能摘到挂在树上的苹果。

近几年，知其身体不佳，但精神仍爽。生命不息，奋斗不止，茆老师对数理统计事业的忠诚矢志不渝。今茆老师离我们而去，愿茆老师一路走好，天国无病痛，可以安息。

谨向严惠萍老师致以诚挚慰问，望节哀顺变，保重身体。多年来贴心照顾茆老师，辛苦了！

茆诗松老师永远活在我们数学系老朋友的心中！

缅怀恩师茆诗松老师

王静龙

2023 年 1 月 16 日突然传来消息，茆诗松先生仙逝了。虽知道茆先生患病多年，但噩耗传来，仍深感震惊。

茆先生的离世将我的思绪带回了 45 年前。1978 年，我 38 岁，一个没有上过大学的中学数学老师报考华东师范大学数学系的概率统计专业的硕士研究生。我忐忑不安，不知能不能被录取，圆我上大学的梦。从 1958 年到 1978 年，我在中学任教已有 20 年。与这些年龄并不比我小多少的学生相处，我深深感受到了幸福和快乐。教过的学生上大学，我由衷地高兴，但遗憾自己没有机会上大学。感谢魏宗舒先生和茆诗松先生让我圆了上大学的梦。1978 年 10 月，金秋季节我来到华东师范大学数学系读书，魏先生和茆先生对我恩重如山！1981 年我研究生毕业，承蒙魏先生和茆先生的关爱，我被分配在华东师范大学数学系概率论与数理统计教研组。从此之后，我一直在魏先生和茆先生的带领下工作，感谢他们对我的提携之恩。

茆先生工作有魄力，有远见，能抓住机遇，富有创新精神。这方面的例子除了有大家熟知的，他把握改革开放的机遇，率先于 1980 年提出设立数理统计专业的建议，紧接着于 1983 年率先提出设立数理统计系的建议，此外还有在统计系率先开设抽样调查课。

茆先生为统计而生，他对于统计有深刻且富有新意的理解。茆先生教我们学生理解统计的真实的道理和意义。我从他身上学到了许多，影响最大的有以下五点：

一、记得有一年毕业生离校前聚会，学生纷纷要先生给他们留言。我至今记得，茆先生给学生的留言别有一番风趣，他说你们要爱数据，就像你们爱恋人那样爱数据。他是在告诉我们学生，统计是数据科学。茆先生的这个留言韵味悠长，我常在上课时引用它，与学生共勉。

二、1978 年，在华东师范大学跟着魏先生和茆先生读研究生之前，我自学数学。看到一个个数学定理被严格证明，我陶醉于数学的抽象与演绎推理的精确性之中。记得刚进华东师范大学读书，魏先生给我们讲课，他就一再与我们说，学好统计重要的是要有统计思想。茆先生提出来统计系要远离数学系，就是要我们学统计的人不要热衷于演绎推理，更要注重归纳推理、收集和分析数据，从个别的事实出发，统计推断出一般性的结论。统计推断得出的结论绝不是以偏概全，而是风险可控、高度可靠的。我在跟着茆先生学习统计的过程中，逐渐领略到归纳推理统计推断的魅力。

三、茆先生强调统计的应用性。我跟着茆先生参加了一些实际课题的研究，给我印象深刻的是编制上证指数。1990 年 12 月，上海证券交易所开业，新开业的上证所需要将交易结果及时汇总统计，发布上证指数。开业后的上证指数是由茆先生任组长，我们统计系和上证所交易部联合组建的“上证指数统计系统课题开发组”编制的。参加这项工作的有唐德钧、叶文炎、谢鹰、祝红、皮六一、强立和我。课题组对股票交易中出现的新股上市、停牌、拆细与摘牌，以及是由上日收盘价、还是由当日开市前的集合竞价指导价作为当日开盘价等统计指标的有关问题进行了研究。课题组编制了上证所开业后最早的 1990—1991 年、1992 年和 1993 年三本市场统计年报。当时上海人民广播电台、上海电视台的“晚间新闻”以及各家报刊媒体在每个交易日结束后发布的“当天股市行情和上证指数的起伏波动”就是以茆先生为首的，我们统计系和上证所交易部联合组建的课题组统计发布的。参加实际课题的研究，使我加深了对统计的理解。而这正如魏宗舒先生所说的，如果能亲临实际做一二次数据分析，那么对数理统计的领会就会更深了。

四、茆先生受教育部委托，联合华东师范大学出版社，邀请国内的专家学者在华师大召开座谈会，商议编写数理统计教材。我有幸作为会务工作人员参加了会议。会后，茆先生给了我一个难得的机会，他邀请我一起编写《数理统计》。在他的指导下，我第一次参与了编写统计教材的工作，是茆先生把我引入了编写教材与参考书的大门。

五、茆先生推广应用统计学，是我们学习的楷模，高不可攀。20 世纪 80 年代，我刚在华东师范大学工作不久，茆先生要我接触实际，去工厂讲统计。记得当时我去的凯旋路上的上海第十钢铁厂，给这些有实际经验的工厂技术管理人员讲课，我越讲越感到有劲。要讲得他们听得懂、有兴趣、感到有用，这很不容易。去业界讲课使我体会到了普及推广应用统计的乐趣和不易。我之所以热衷于编写统计普及读物，与茆先生让我有实践的机会和我去实际部门讲课密不可分。

茆先生为统计而生，他毕生致力于统计科研、统计教学、统计的应用与普及。他创建了华东师范大学数理统计本科专业和数理统计系。为华东师范大学数理统计系的发展壮大，他呕心沥血。现在，数理统计系历尽艰辛，已发展壮大为内有四个系（统计学系、金融工程与金融统计系、保险与精算系和生物统计系）的统计学院。看到统计学院这些年轻人在忙忙碌碌，我禁不住感叹茆先生开创的华东师范大学统计学后继有人。

茆先生，你虽然离开了我们，但你永远活在我们统计人的心中！

深切怀念茆诗松先生

汪荣明

2023 年 1 月 16 日，敬爱的茆诗松先生溘然辞世，驾鹤西去。一朝成追忆，痛惜已惘然。华东师范大学统计学科从此失去了开疆拓土、身先士卒的将领，我们失去了德高望重、垂范后学的恩师。在茆先生走后的这几个月，别离之悲愈深，云树之思愈切。如果可以用一个数字来形容茆先生的一生，我想，这个数字应该是 0，它彰显着“从 0 到 1”的首创精神，记录着“1 后续 0”的拼搏奉献，也启示着“无惧归 0”的人生价值。

“明月不知君已去，夜深还照读书窗。”在华东师范大学的校史中，永远镌刻着茆先生为了“从 0 到 1”作出的艰苦卓绝的努力和历史性的贡献。筚路蓝缕，以启山林，从自学“像天书一样难”的《概率论教程》，到在苏联留学写成第一篇俄文论文“向祖国汇报”；从最初应用信息论的失败，到将统计学应用成功推广到不同领域多个场景……倘若没有茆先生“让数理统计真正在中国落地生根”的信念作指引，没有茆先生在应用领域奔走联络、步步突破，华东师范大学便不会具备成立数理统计专业的前提条件。1983 年 7 月数理统计专业开始招生，1984 年成为我国第一个数理统计系，1986 年茆先生访学归国后被任命为第一届系主任……从此，华东师范大学统计系成了我们共同的精神家园。

“令公桃李满天下，何用堂前更种花。”在统计学科的发展历程中，永远记载着茆先生带领一代又一代华东师范大学统计人拼搏奋斗的故事。有了统计系这个“1”为前提和基础，茆先生一生以推动统计学科发展为己任，带领我们在“1”之后不断续写越来越多的“0”，学科建设立下了一个又一个里程碑。数理统计 1987 年便被教育部确认为高等学校重点学科，创办的学术期刊《应用概率统计》一直是学界研究的一座灯塔。茆先生从 1986 年编写第一套“数理统计丛书”起，便始终着力于“让中国青年学习概率论更加容易”；一生所著的 40 多本广受赞誉、获奖无数的“茆书”更是他崇尚科学、严谨治学的丰硕成果。为人师表、传道授业，他永远愿意花更多的时间和学生在一起，没有把“终身教授”当成一个称号，而是当成了一种承诺。茆先生刚强坚毅的风骨、高尚坚贞的品格和为人经师的治学态度、孜孜以求的钻研精神始终是华东师范大学统计学科的一面旗帜。学生们曾赠送茆先生一副对联：“诗样人生，松柏精神”，这是先生一生的真实写照。

“事了拂衣去，深藏身与名。”人生的终点都是归“0”，而真正的死亡不是逝去，而是被世人遗忘。茆先生为挚爱的统计学奋斗了终身，付出了终身，他留下的宝贵财富始终是我们奋勇向前的力量之源、情感之基。苏格拉底曾说:“未经审视的人生，是不值得过的。”在茆先生仙逝后，我们又一次审视了人生，明晰了价值，也更加懂得了归“0”的无穷意义。它不是“落花随水东流去”，而是“化作春泥更护花”。叶落归根，我们深切缅怀茆先生，这是绿叶对根的情意。我们永远感恩茆先生的言传身教，也会继承茆先生为了国家和民族事业奋斗的理想情怀和推动统计学科不断发展的历史使命，凝聚为密不可分的情感共同体、携手并肩的发展共同体、勠力同心的价值共同体，在各自的岗位上继续开枝散叶、枝繁叶茂。

茆诗松先生长眠了，可并未离我们远去。他用“0”一样的人生激励着我们、指引着我们继续走好未来的路。但愿人长久，千里共婵娟。

悼念茆诗松兄弟

费鹤良

今天我们怀着很沉重的心情悼念我们的茆诗松兄弟。

我跟老茆认识应该是 1959 年，他是 1958 年留校，我那个时候教育实习，读四年级。1959 年 11 月，我要去上海市五四中学实习，他是我们的带队老师，我开始认识茆诗松。他给我的印象比较深刻的是身体很好。我们（证券）交易时间精神是很紧张的，他有一个办法是大家没想到过的，就是吃安定药片让自己镇定下来。他有一套自己的方法，让自己的情绪稳定。

后来，从 1961 年开始，我到华东师范大学读了第一届的研究生，那个时候的专业名称是概率论与数理统计。三年制的研究生，后来实际上是读了三年半。因为 1963 年马上要毕业了，教育部来了通知，要毕业论文答辩，延迟毕业半年，因此我们研究生是留级了半年。第一届研究生是 5 个人，最后只有 4 个人毕业。那时候毕业要求还是很严格，就像（周斌老师）刚才介绍的那样，那时我国的概率统计的确是很薄弱。我没有系统读过概率，就是魏宗舒老师给我们讲了三个星期的课，后来就直接到工厂实习去了，华东师范大学统计很重要的特点就是联系实际。后来研究生毕业，我和茆诗松没有了交集，他没有上过我们的课，我们错过了。我 1964 年 2 月毕业后，就到了上海师范学院，和茆老师仍没有交集。一直到 1972 年，五所学校（上海师范学院、上海半工半读师范学院、上海教育学院、上海体育学院、华东师范大学）合并在一起，我们又住在一起了，两个人在一个教研室，我和他无话不谈。

茆诗松今天能取得这么大的成绩，作为过来人，我们明白他的确不容易。对照一下我和他的差距，一个天上一个地下。他所取得的成绩，他所涉及的研究范围的广阔性都要远远高于我。但是我们有一个基本的思想是一样的：数理统计一定要联系实际，脱离实际数理统计没有生命。我记得一并校的时候，开展的第一件事情就是办讨论班。那是“文革”期间，讨论班不是都可以办的，搞得不好就被批判了。实际上，(数理统计)联系实际并不容易，读了试验设计后，大家出去想理论联系实际，到一个单位里，人家不听你的。一两次都不行，甚至走了十次，坚持下来最后终于成功了。因此有一个思想我们经常谈起，就是我们搞数理统计，一定要扎扎实实地解决好一两个实际问题，这就是基本思想。这个思想一定要贯彻始终，这点我跟茆老师是一致的。但是我跟他不一致的是，茆老师的视野很开阔、有魄力。华东师范大学要搞第一个数理统计专业是不容易的，师范大学做数理统计专业是非常困难的。只有茆诗松能做到，因为他有理想、有说服力。其实这个后来我们回到上海师范学院也申请过办数理统计专业，但没有成功。茆诗松能突破师范院校去开办数理统计专业是非常不容易的。这次华东师范大学统计学专业学科评估是 A+，非常不容易，我从心底里佩服。茆诗松有坚定的信念，这一个特点是其他人没有的。第二个是他能够带人，把一批人带出来。他不是一个人做的，一个人也做不到。他是把每一个人的能力都给发挥出来，哪个人能做什么他非常清楚，所以这个也是我佩服他的原因，这是我做不到的事情。第三个我做不到的事情是，我们俩那时搞实际问题几乎是一样的，搞试验设计、搞可靠性、搞质量管理，大家一直搞。虽然后来七八年分开了，但我们经常联系，也让研究生交流。但茆老师的思想高在具有开创性，他后来又去搞金融，让我更加佩服了。金融我懂都不懂，他就有这个胆量去做。还有很重要的一点，就是写书。我最怕的就是写书，非常花力气，需要一个字一个字地斟酌，但是茆老师不怕，他写了很多著作，现在影响很大，这是人才培养很重要的一点。他不仅搞教科书，还搞专著、手册，搞推广应用。

我原来今天不打算发言，但是我切身感受如此。我们统计要有对照观点，我和茆诗松对照，一个天上一个地下，相差甚远。我们追思他，就要看到他的成功之处。这个成功首先是观念问题、是精神上的问题、是力量的问题、是开创性的问题。

追思会答谢词

茆诗松家属

尊敬的各位领导，线上线下的各位至爱亲朋：

今天我们怀着无比沉痛的心情来到现场，在听了各位的发言以后非常感动，心里暖暖的。谢谢大家来这里参加追思会，以寄托对我父亲的哀思。请允许我代表我们全家，对大家百忙之中前来参加我父亲，茆诗松的追思会表示最深的谢意。

平凡的出身造就了父亲豁达、宽厚、仁爱的品格。从小到大，我们姐妹都是在父亲的慈教中长大，我们享受了人世间最伟大的父爱。回想父亲生前的岁月，恍如昨日，往事历历在目。父亲的为人处世、待人接物的优良作风无不深深地影响着我们，他乐观、勤勉，宽厚、仁慈、善待众生。记得我读书期间，家里时常会有陌生的来访者登门，开门后拘谨地只说来找茆老师请教问题。父亲会将他们热情请进门，然后就沏茶进屋里聊上几个小时，有时外地来客还会留下吃便饭，以至于我记忆中家里吃饭都会准备一桌子的菜才行。学生有成就了、成家了、生娃了，都会来报喜，这时候父亲就会特别的高兴，那天晚上父亲一定会多喝几杯酒庆祝一下（多喝几杯有理由了）。

在这里，我要特别感谢大家的关怀：在父亲生病到辞世后，学校领导、同事、学生、亲戚都以不同的方式来探望、哀悼，有的甚至不远千里赶来。爸爸病重期间，你们的探望、慰问，真的给了他莫大的安慰。卧病在床期间，每一次听说有人要来探望他了，他就会非常配合地好好打扮一番，那几天的精神也会格外好一些。会面中，就是不常见面的学生、朋友，他都能说出家属、孩子的名字。一旦听到好消息，他会开心好一阵，反复念叨：真好，真好。你们的探望、关心给了爸爸莫大的快乐和安慰，我们作为家属，万分感激。

父亲走了，带着对儿孙们欢声笑语的眷恋走了，带着割舍不下的统计事业走了，留下了他为我们托举的美好的小家，华东师范大学统计学院的大家。我们心底的思念也永远地被带到了另一个世界。

父亲远行，我们必将继承父亲的遗志，勤勉敬业，乐观为人，礼遇亲友，善待众生，让父亲九泉含笑。

我们最亲爱的父亲，您放心，我们会竭尽全力孝敬好母亲，让母亲的晚年幸福、身体安康。

再次向各位来宾、各位亲友参加我父亲的追思会表示最诚挚的感谢！同时特别感谢华东师范大学为我父亲举办这次追思会，谢谢大家！

茆诗松家属

2023 年 4 月 8 日

血脉相依，手足情深：纪念大哥茆诗松

茆诗泳

谨以此文纪念我最深爱的大哥——茆诗松，愿大哥在天之灵能够感受到亲人对他的无比怀念之情。

诗松大哥在与病魔顽强拼搏了三年后，最终还是于今年年初的寒冬时节离开了我们。

大哥在我家四兄妹中排行老二，大姐茆诗琴，二哥茆诗伦，我最小。我们都亲切地称呼他为大哥，就连我们久住的武进路 309 弄的邻居们也都这么叫他“茆大哥”。

我们的母亲是一名教师，她终身耕耘在教育岗位上，曾荣获“上海市劳动模范”光荣称号。母亲不但对工作兢兢业业、任劳任怨、刻苦勤奋，而且对我们四兄妹的文化教育和人格培养抓得也非常严格。我们四兄妹都是“文革”之前入学的大学生，父母亲真是劳苦功高。记忆中，大姐在我幼年时就从上海财经学院毕业，后离家分配到北京财政部工作，平时很少回家，对我影响不大。大哥大我整十岁，我们兄妹之间的感情最深，在我记忆深处历久弥新的是我大哥，大哥对我成长路上的影响是终身的。

记忆中我们三兄妹都是就读同一所中学，当我就读初高中时，就听学校老师介绍说我大哥在校就读时成绩就很优秀，无形之中他成了我中学时代的学习榜样。

记得 1954 年大学录取学校名单是刊登在当天的《解放日报》上，公示的那天我们全家兴致勃勃地在华东师范大学数学系名单上找到了茆诗松的名字，全家为之高兴和骄傲。令我们全家人意外的是，大哥 1958 年华东师范大学毕业后还留校任教了。更令我们全家人惊喜的是，华东师范大学在 1961 年还公派他赴苏联莫斯科大学进修学习信息论，这次留学为他以后在数理统计领域的研究工作奠定了坚实的基础。临行前在北京培训期间，大哥曾受到周恩来总理亲切接见，他们这批留学生来自全国各地，当时还成立了党支部，大哥还被任命为党支部书记。

他对党对国家有着深厚的感情，事事处处都是以国家利益为重，从不计较个人得失。完成两年留学任务回国时，正逢国家处于三年困难时期，大哥就组织回国的留学生们把自己的生活费节约下来，各人都自费购买了回国的机票，为国家节约了一笔开支。

因华东师范大学与我们虹口区武进路家很远，我记得他每天都是骑自行车或乘69路公交车上下班。回家后除照顾我们弟妹俩外，还要帮我妈妈照顾当时躺在病床上的奶奶。每天晚间他会亲自为奶奶端一大盆洗脚水，为奶奶清洗完脚上的伤口后又涂上药膏，包扎好伤口，这种烦琐的孝心服侍直至我奶奶离世。后来父亲瘫痪在床，也是大哥每天下班回家给他擦身洗脚，不厌其烦地每天坚持服侍父亲，他用自己的行动告诉我们什么是孝道，他的这些举动给我的一生留下不可磨灭深刻的印象，让我知道了什么是中国人优秀的传统文化，大哥成了我心中永存的楷模。

1991 年 1 月 18 日合影

在我的心中，大哥不仅是教授，还是一个非常普通的凡人，一个有血有肉充满着人间烟火气息的亲切可爱的大哥。记得当年每周只有一天休息时，每逢周日我和大哥早餐后，就开始在卫生间里，把全家人的衣服或床上用品泡在大浴缸里。然后他把每件衣服都打上“固本”肥皂，用板刷把衣服刷一遍，接着我就清洗完每件衣服。之后我就扛起长竹竿，在大哥晾晒衣服后，把长竹竿晒到屋外指定的位置，我与大哥的配合一直很默契。另外，每个月快到发工资前夕，他没钱买烟抽了，就会问我借钱。我就会毫不犹豫地把自己仅有的一点零花钱，给大哥买香烟抽。大哥经常还津津乐道讲，我们家到月底最有钱的是“小妹”，引来全家哈哈大笑。

我们邻居家的孩子遇到什么数学难题也经常来求助于“茆大哥”，他总是耐心地跟人家讲解辅导。隔壁邻居叫大明，听闻大哥离世的消息悲痛不已，告诉我她当年插队回来参加高考时，就是大哥为她专门进行了辅导，并鼓励她要有信心，好好复习参加高考，最后她以 420 分的成绩被华东师范大学录取，大哥对她的影响让她终生难忘。大哥对于我们弟妹俩的学习及为人处世也经常给我们讲述道理，让我们受益匪浅，特别是大哥全方位的优秀品质，深深影响我们弟妹们的一生。

我大学毕业分配离开上海，到贵阳市从事中学数学教学工作。每年我们回沪探亲，他总是让出房间让我们居住，临走时又大包、小包买很多东西让我们带给孩子们，处处都充满着大哥对我们满满的爱意。记得他有一次去昆明开会，半道下火车探望我们，异乡见亲人我们是激动无比。他在百忙之中抽空与我们一起住了珍贵的两天时间，对我们嘘寒问暖，帮助我们解决了不少燃眉之急的问题，留下了珍贵的记忆。

大哥是一个特别热爱祖国的学者。1984 年，华东师范大学委派他赴美国马里兰大学、威斯康星大学麦迪逊分校和乔治·华盛顿大学作访问学者。当时美国有大学曾挽留他在美国任教，我们也以为他会留在那里，但他考虑再三还是决定回国报效祖国。回国后他对我们说：“他不愿意在外国当二等公民受人歧视，他要回国当主人。”回国后教育部还有好几所大学要聘用他，可最后他还是选择回华东师范大学从事教学及科研工作。从此他就一头扎进“数理统计”这门学科的教学和研究工作，曾培养了几十名硕士生、博士生，发表论文百余篇，编写专著和教材数十本，在让数理统计知识应用到实践中去发挥了重要作用。

自我大哥 68 岁正式退休后，从来没见过他安排自己去哪儿度假、旅游。他依旧保持着工作状态，为此病倒急救过几次，甚至在安装心脏支架后不久，又出差去北京开会。每次我们去他家探望时，都见他伏案于书桌旁写作和阅读学生们的论文，一直到古稀之年的他依然是马不停蹄、通宵达旦地从事研究和写作生涯。我曾问过他为什么如此拼命地写作，他说“我知道留给我的时间已经不多了，我要把我头脑所有的东西都要尽快地写下来留给后人”。我听后感到无比激动和自愧不如。

看到他为了事业，晚年还这么夜以继日地拼命写作，如此辛苦，我又帮不上忙，所以只有在每次去探望时，带去他喜欢的中华牌香烟和贵州茅台酒，同时还带上他爱吃的小绍兴酒家的炒菜和邵万生的凉菜，与大哥、大嫂共进午餐，以表心意。可惜这一场景现已成为我永久难忘的回忆。

现在我大女儿瑞士公司的一位员工就是北京师范大学数理统计系毕业的学生，当她得知大哥逝世消息后，立即发微信表示哀悼。她还告知我大女儿，在大学读书期间她专门以《贝叶斯统计》这书为教材学习过，此时她才知道这本书的作者原来是你的大舅舅，让我大女儿也都感到无比欣慰。学习过大哥教材的学生真是遍布世界各地啊。

2017 年 8 月 10 日合影

我大哥他一辈子从事数理统计专业的教学与研究工作，并处于学术高端，成为中国数理统计界领军人物。他一辈子不为名利，始终保持书卷气质，在如今的商品经济社会中尤其难能可贵。他真是我们茆家“书香门第”文化最忠实的传承者和发扬者，并永远是我心中偶像级的学者。

在党的百年诞辰前夕，华东师范大学现任钱旭红校长亲自上门探望大哥，并给他颁发了“在党 50 年”纪念章。随后又传来了他与同事们共同编写的《概率论与数理统计教程（第三版）》获首届全国教材建设奖全国优秀教材一等奖，《高等数理统计》一书获上海市优秀教学成果二等奖的消息。这都是他一辈子心血的结晶，实属不易。

记得 2014 年 12 月，他还亲自撰写《三十而立》，这篇文章记述了他为此奋斗一生的“华东师范大学统计学专业的建立与发展”的全过程，这是最好的例证。记得我们有次去华东师范大学探望时，大哥谈及《应用概率统计》杂志经费困难时，我爱人及时以公司名义给予了资助。据说此杂志现已受到国内外广大读者的认可和欢迎，现已成为国内核心刊物之一。

因我大姐定居在北京，而我又在贵阳工作了 20 年，在我记忆中父亲高血压中风后半身不遂，母亲的骨关节病走路不便，所有的平日生活照顾的重担都压在我大哥、大嫂身上，直至父母先后离世。这让我亲身感受到大哥的孝顺父母、为人处世、善良正直之道，这些值得我们学习一辈子。

2018 年 11 月 28 日合影

我深为有这样优秀的大哥而感到自豪，大哥不幸离世，我没能见到大哥最后一面，虽感遗憾，但如今看到来自五湖四海的专业同仁和莘莘学子的唁电、唁函像雪片一样飞来，看到人们对他的高度评价，给我们亲人带来莫大的安慰，也足见大哥的才学和人品受人敬仰、尊重和怀念！中国少了一位数理统计学的大师，我们少了一位和蔼可亲的大哥。

为了寄托对大哥离世的哀思，我们夫妇俩花了几天的时间，做了一个几十年来和大哥合影照片的视频资料，以示我们全家人对大哥的怀念之情！

大哥，在我眼里你这辈子没有停下脚步的时候，为了国家，为了家庭，为了孝敬父母，为了你心中的数理统计事业……不停地奔跑、奔跑、再奔跑。你真的太累太累了……现在你已经功成名就，你为之奋斗一辈子的数理统计事业后继有人，一片兴旺景象！你应该也可以放心地好好睡一觉了！

大哥，您长眠，我常念——思念永存！

胞妹茆诗泳泣书
于瑞士苏黎世
2023-02-08

茆诗松教授：为数理统计学科而生

袁卫

我知道茆诗松老师是 20 世纪 90 年代初，读到茆老师和王静龙编著的《数理统计》一书时。虽然当时读起来颇为吃力，但还是很有收获。1992 年，国家技术监督局修订了《中华人民共和国国家标准学科分类与代码》(GB/T13745—1992)，将统计学从经济学中独立出来，成为与经济学、数学等并列的学科类，代码 910[①]。

这次学科调整是改革开放后统计学科地位第一次提升，虽然还局限于社会科学大类中，不够彻底，但已经开启了统计学科独立和整合的进程，为统计学界进一步努力在教育部和国务院学位委员会的本科生与研究生专业目录独立奠定了基础，增强了统计学界的信心。

当时，茆诗松老师、张尧庭老师和我都是全国统计教材编审委员会成员。记得有一年在西宁召开了一次编委会会议，会议期间的一两个晚上，我们三人聚在一起，议论怎么能够团结、整合全国数理统计、社会经济统计乃至生物医学卫生统计的力量，形成“大统计”态势，进而在本科和研究生专业目录上形成一级学科。我们谈得兴奋极了，久久不能入睡。

会后，茆老师给我寄来了 20 世纪 80 年代初的几份材料，是他在华东师范大学和几位老师一起，就设立“数理统计”本科专业，给教育部写的几份报告。最终，教育部在 1983 年批准复旦大学、南开大学、华东师范大学 3 所高校试办“数理统计”本科专业，1984 年北京大学也获批招生，可以说，茆老师在这个申办过程中起了重要作用。

有了这次深入交流和努力的目标，统计学科的话题就成了茆老师和我每次见面

① 该标准分为 5 大学科门类，分别为：A 自然科学（代码 110～190）；B 农业科学（代码 210～240）；C 医药科学（代码 310～360）；D 工程与技术科学（代码 410～630）；E 人文与社会科学（代码 710～910）。

的主题。1994 年暑假在中国人民大学第二招待所召开了第一次“大统计学科建设研讨会”，教育部和国家统计局的相关领导与会。会前的准备会时，茆老师、张尧庭老师（已经住在中国人民大学校园静园）和西安统计学院的贺铿院长聚在我当时校内宜园 5 楼的一居室内，一边聊大统计的学科规划，一边就着猪头肉和花生米喝酒，不知不觉之间，茆老师、贺院长和我 3 个人竟然喝了两瓶白酒。

1993 年 8 月于华东师范大学，左起王静龙、魏宗舒、惠特姆、袁卫、茆诗松

1993 年 8 月，中国人民大学在黄山学术交流中心组织了第四届全国中青年统计科学讨论会，会议特邀加拿大麦吉尔大学（McGill University）统计教授惠特姆（A. Whitmore）作报告。会议结束后茆老师邀请惠特姆教授访问华东师范大学，魏宗舒先生和王静龙老师参加了学术活动。

2008 年 12 月，茆诗松（左二）参加纪念戴世光教授诞辰 100 周年暨《戴世光文集》出版座谈会

在和茆老师交往中，茆老师多次提到我的博士生导师戴世光，赞扬戴老师在改革开放之初勇于拨乱反正，驳斥苏联 20 世纪 50 年代认为统计学就是社会经济统计学，是一门有阶级性和党性的社会科学的错误理论。1997 年夏，在一次来北京参加学术活动的间隙，我陪同茆老师去中国人民大学林园 5 号楼拜访了戴世光先生。茆老师代表数理统计学界，向戴老师表示敬意，并祝戴老师健康长寿。

2008 年 12 月，我们举办戴世光教授诞辰 100 周年纪念会，同时也是《戴世光文集》出版发行仪式。当我邀请茆老师与会时，他一口就答应了，并精心准备做了发言。

进入新世纪第二个十年后，茆老师因为腿不太方便，参加全国的学术活动就少了。虽然见面机会少了，但我们在每年春节时总是互致问候。我几次去上海开会，抽空就去看望他，见面的话题仍然是全国统计学科。虽然 1998 年教育部普通高校本科专业目录和 2011 年研究生专业目录两次调整，统计学从形式上独立成为一级学科，地位得到提升，全国的统计学招生、人才培养和科学研究都相应取得了长足的进步，但统计学科仍然面临不少新问题，茆老师仍然挂念着……

2019 年 6 月，聆听茆老师口述统计史

2012 年，我从学校行政岗位上退下来后，开始了中国统计学史的编写。茆老师得知后，非常高兴，每当我就某个问题或者细节咨询他时，他都尽力查找资料，给予我及时详尽的解答。现在，这本《中国统计学史》已近完成，茆老师却看不到这部他一生为之努力奉献的学科历史了。茆老师，这部书出版后，我会送到您的灵前，请您指正！

袁卫

2023 年 3 月 20 日

传道者：茆诗松与中国贝叶斯统计学的发展

刘乐平　许蕊　卢志义

茆诗松先生是我国著名的数理统计学专家，新中国数理统计专业的创建者，也是我国贝叶斯统计学理论与应用发展的开拓者，《贝叶斯统计》是全国高等院校统计学专业“十二五”规划教材。本文以亲身经历，从先验（作为学生：听取茆诗松先生的课堂讲授）、到似然（学术研究：在中国人民大学进行贝叶斯统计与精算的研究），再到后验（成为老师：培养新一代统计学青年学生）三个阶段回顾茆诗松先生对中国贝叶斯统计学的发展所作出的贡献，缅怀他的传道、授业、解惑的“统计大先生”精神与情怀。

引言

谈到我国数理统计专业的发展，离不开一个众所周知的名字，提起茆诗松先生，统计人几乎无人不晓。茆诗松先生在统计学教育、理论和应用研究领域辛勤耕耘数十载，为数理统计学科建设举旗扛鼎、奋斗一生，可谓统计学界的泰山北斗，是统计学界德高望重、令人敬仰的新时代统计大先生的楷模。茆诗松先生 1936 年 8 月出生于安徽省巢县，1954 年参加高考，带着对理工科的热爱进入华东师范大学数学系学习。1958 年，他由于成绩优异，毕业后继续留在数学系工作，进入数学分析教研室，开启了在华东师范大学长达 50 年的学习和事业旅程。我不是茆诗松先生直接指导的研究生，我的指导教师是王静龙教授，所以从师生传承贝叶斯分层先验信息关系来看，可以称得上是茆诗松先生学生的学生。本文从先验、似然、后验，贝叶斯统计三要素视角，回顾茆诗松先生对中国贝叶斯统计学的发展所作出的贡献缅怀他的传道、授业、解惑的“统计大先生”精神与情怀。

先验：1995（上海）华东师范大学贝叶斯统计学的熏陶

1995 年 9 月，承蒙华东师范大学王静龙教授的厚爱，得以实现我的从数学转向数理统计学的研究生求学之梦。丽娃河畔的统计学教室里，一个充满诗意和智慧的地方，也是我贝叶斯统计学学习之路的起点。在这里，我们不仅学习统计学的知识，更学会了如何运用贝叶斯统计学解决实际问题，探索数据背后的规律和奥秘。在茆诗松先生讲授的贝叶斯统计学课堂里，我首先接触到贝叶斯统计学的核心概念和原理，然后通过深入学习概率论、贝叶斯推断和贝叶斯决策理论，逐步掌握了贝叶斯统计学的理论基础和应用框架。

“茆先生是为统计而生，他对于统计有深刻且富有新意的理解。”这是导师王静龙教授在回忆茆诗松先生的感想，也充分准确地表达了我们学生辈的感受。“在华东师范大学跟着魏先生和茆先生读研究生之前，我自学数学。看到一个个数学定理被严格证明，我陶醉于数学的抽象与演绎推理的精确性之中。记得刚进华东师范大学读书，魏先生给我们讲课，他就一再与我们说，学好统计重要的是要有统计思想。茆先生提出来统计系要远离数学系，就是要我们学统计的人不要热衷于演绎推理，更要注重归纳推理、收集和分析数据，从个别的事实出发，统计推断出一般性的结论。统计推断得出的结论绝不是以偏概全，而是风险可控、高度可靠的。我在跟着茆先生学习统计的过程中，逐渐领略到归纳推理统计推断的魅力。”王静龙教授将他对茆诗松先生的体会和心得代代宣传，不断发扬光大。

王静龙教授在指导我的贝叶斯统计学学习中，他还特别注重培养我们的批判性思维和创新能力。王静龙教授作为系主任，每天都是第一个来到学校，他通过举办各种名家讲座、学术讨论、小组合作和项目研究，不断拓展我们学生的贝叶斯统计学思维边界，激发创新灵感。我的华东师范大学的三年求学之路，是一条充满戏剧、挑战和机遇的道路。在这里，我不仅学到了贝叶斯统计学知识，更领会到了茆诗松先生和王静龙教授如何面对挑战、不畏艰难、敢为人先、勇往直前的精神。

似然：2003（北京）中国人民大学的贝叶斯统计博士论文

2000—2003 年，我从华东师范大学获得数理统计硕士学位以后，来到中国人民大学统计学院攻读统计学博士学位，以贝叶斯统计学与精算学交叉研究为题，在《统计研究》等刊物上与导师袁卫教授合作发表了《现代 Bayes 方法在精算学中的应用及展望》《现代贝叶斯分析与现代统计推断》等研究成果，顺利完成了博士论文，获得经济学博士学位。博士期间参加了博士生导师的国家社会科学基金重点项目“现代统计推断技术及其应用研究"，以优秀的结果完成了该课题的结项。

毕业后，"分层建模、动态更新与稳健控制"这种从茆诗松先生和王静龙教授课堂讲授中悟出的"贝叶斯之道"就成为我科学研究之路上的指路明灯。2003 年，袁卫教授指导我的博士论文《未决赔款准备金估计的贝叶斯方法研究》获得 2004 年第七届全国统计科学研究优秀成果二等奖；2005 年，主持完成了国家社会科学基金青年项目"保险公司未决赔款准备金估计的方法研究"；2015 年，主持完成了国家自然科学基金面上项目"Solvency Ⅱ 框架下非寿险准备金风险度量与控制研究"；2016 年，论文《MCMC 方法的发展与现代贝叶斯的复兴》获得天津市第十四届社会科学优秀成果二等奖。我目前同时担任学校统计学和金融学的博士生导师，曾入选天津市高校"学科领军人才培养计划"、天津市"131"创新型人才培养工程第一层次培养计划，中国人民大学应用统计研究中心的兼职教授，中国精算师考试初级课程非寿险精算（A6）教材的主审，高级课程准备金评估的参编人和命题人。作为中国风险管理与精算论坛的发起人之一，现担任中国现场统计研究会风险管理与精算分会秘书长，参与了中国精算师学会组织的各类精算方面的会议和活动。

2013 年，我指导的第一个博士生的博士论文《基于广义线性模型的损失准备金估计方法研究》获得天津市 2013 优秀博士学位论文奖；2023 年，学生主持的第 2 项国家自然科学基金面上项目"局部可交换数据的贝叶斯非参数模型及其在精算中的应用研究"成功获批，茆诗松先生当年传授的"贝叶斯思想"在中国精算与风险管理研究领域里的这个小小分支上代代相传。

后验：2013（天津）首届中国贝叶斯统计学术论坛

2013 年 12 月 21 日，在天津财经大学肖红叶教授的鼎力支持和指导下，在中国人民大学统计之都创始成员的大力协助下，纪念贝叶斯定理 250 周年暨首届中国贝叶斯统计学术论坛在天津财经大学月牙报告厅成功召开。本次会议由天津财经大学中国经济统计研究中心、研究生院、贝叶斯之道研究室和统计系学生会共同主办，统计之都协办。在一天的会议时间里，来自北京大学、山东大学、南开大学、中国人民大学、首钢总公司、中航集团、安诺优达基因科技有限公司、eBay 等 50 多所大学和企业 300 余名参会者齐聚一堂，上午就贝叶斯方法在政治学、社会学习模型、金融学、经济计量等诸多方面的应用进行了深入的探讨，下午进行了贝叶斯入门培训，晚上还举行了精彩的文艺晚会，庆祝贝叶斯定理 250 周年。

茆诗松先生传道授业解惑的"统计大先生"精神，是我们永远怀念和学习的典范。他一生崇尚科学、立身正直，以推动统计学科发展为己任，是我国数理统计专业的开拓者之一。他治学严谨、垂范后学，倾力编撰多本统计学专著，为我国统计学的发展做出了卓越贡献。在茆先生的教学生涯中，他始终坚守教书育人的初心，潜心育人，受到学生的真诚爱戴和国内外同仁的普遍尊重。他不仅教授学生知识，更注重培养学生的品德和人格。他的言传身教，让我们深刻理解了什么是真正的教育。

茆诗松先生还长期致力于数理统计在质量管理领域的应用，推广六西格玛管理、编写质量工程师教材、培养质量科学领域人才等方面卓有成效。他的贡献不仅在于推动了统计学的发展，更在于将统计学应用于实际工作中，为社会的发展作出了积极贡献。茆诗松先生的离世给我们带来了巨大的悲痛，但他的精神将永远活在我们心中。我们要以茆诗松先生为榜样，学习他的崇高精神，为推动我国统计学的发展和社会的进步贡献自己的力量。同时，我们也应该感谢华东师范大学统计学院为茆诗松先生设立的茆诗松基金，这将有助于传承和发扬茆先生的精神，推动我国贝叶斯统计学的发展。最后，让我们再次缅怀茆诗松先生传道授业解惑的“统计大先生”精神，愿他在天堂安息，精神永存！

致谢

作者刘乐平感谢硕士生导师——华东师范大学王静龙教授，博士生导师——中国人民大学袁卫教授对本人的精心指导；感谢陈希孺、张尧庭、茆诗松、吴喜之等对于本人贝叶斯统计学习和研究过程中给予的帮助；感谢天津财经大学肖红叶教授对于本人推广贝叶斯之道的全力支持；感谢华东师范大学汤银才教授和中国人民大学朱利平教授提供的茆诗松先生的珍贵资料。

参考文献

[1] 陈希孺. 数理统计学简史 [M]. 长沙: 湖南教育出版社, 2002.

[2] 茆诗松. 我国数理统计学的一位奠基者——记魏宗舒教授 [J]. 高等数学研究, 2017, 20(4): 122-125.

[3] 朱利平. “立德树人” 成效显著——茆诗松教授数理统计教材建设与人才培养. 内部材料, 2023.

[4] 刘乐平, 袁卫. 现代 Bayes 方法在精算学中的应用及展望 [J]. 统计研究, 2002(8): 45-49.

[5] 刘乐平, 袁卫. 现代贝叶斯分析与现代统计推断 [J]. 经济理论与经济管理, 2004(6): 64-69.

深切怀念敬爱的茆诗松老师

金勇进

2023 年 1 月 16 日，我们敬爱的茆诗松老师仙逝，得知这个不幸的消息，我陷入深深的悲痛之中，与茆老师交往的一些场景不断在我脑海中浮现，一幕幕难以忘怀。

认识茆老师或许有些偶然，但也是命中注定。1995 年我完成博士学位论文《非抽样误差分析》，准备参加学位论文答辩，答辩前论文要送专家评审。记得当时评审论文的专家有 10 人，都是统计学领域里的著名大家，其中还有外国专家。评议书返回后，我的导师倪加勋教授告诉我，所有评议书都给出了不错的评价，有些还是非常高的评价，比如茆诗松老师、张尧庭老师等。论文答辩后不久，我去上海参加一个会议，有幸第一次见到茆诗松老师，茆老师慈祥温和，笑容可掬，给我留下了深刻印象。我们的谈话自然也涉及那篇博士学位论文，茆老师说论文写得很好，可以修改完善一下出本著作，要多联系中国实际，对我国开展抽样调查起到助力作用，并答应如果出书他将为此书作序。

茆老师的一席话给了我巨大的鼓舞，也深切感受到老一代学者对青年人的殷切希望。那些日子我就像加满了油的车，不知疲倦，孜孜以求。不久以后我将书稿呈送到茆老师手中，茆老师欣然作序，在序中他写道："在抽样理论的研究中，人们对于抽样误差的研究比较深入，也比较成熟，已有许多的研究成果在实践中得到应用。而对于非抽样误差的研究则相对滞后，也比较凌乱，尚未形成体系，对于实践中所采用的一些减少非抽样误差的做法也缺乏理论上的概括和总结，非抽样误差的研究在我国还是一个比较薄弱的领域。"

他继续写道："值得欣喜的是，金勇进博士的《非抽样误差分析》一书，在这方面进行了有益的探索。作者参阅了国内外特别是国外的大量研究文献，在透彻理解的基础上，进行了比较全面、系统的归纳、分析与综合。"在简要介绍了书中内容要点后，茆老师又写道："这本书是学习非抽样误差的入门书。阅读此书可以帮助读者迅速了解非抽样误差这个问题的全貌和国外在这个专题上最新研究状况，能收到事半功倍之效，迅速进入引用与研究行列，免去阅读大量文献之苦。本书也是研究非抽样误差的新起点。在本书很多地方，作者对非抽样误差的理论与方法进行了许多富有启发性的讨论。在讨论中力图结合中国的实际，提出了一些作者对于解决非抽样误差的看法，这对于在我国开展和深入有关非抽样误差诸多问题的研究，会起着引发和推动作用。"

能够得到茆老师如此高的评价，这是我没有想到的，无疑这个序对于我今后的学术生涯起到了奠基作用。后来这本书在 1998 年进行的"第四届全国统计科学技术进步奖"评选中被评为专著类二等奖，这当中，茆老师的"序"当然功不可没。

因为分处不同城市，后来我见茆老师次数并不多，见面也大都是在一些学术会议上，每次见面茆老师都是那样热情和慈祥。回答茆老师的询问，同时聆听茆老师的见解是一件十分惬意和幸福的事情。茆老师爱喝酒，在有机会的场合下我总是陪茆老师喝上两杯。

人的威望并不是靠一些"头衔"、一些"称谓"带来的，而是靠人格渗透，在潜移默化中造就的。我并不是茆老师的直接弟子，以前茆老师也不认识我，能够得到茆老师如此提携是我的福分。茆老师的教导犹如一缕阳光，给学生一份光明和温暖，又如一缕春风，给学生一份抚爱和馨香。"路漫漫其修远兮，吾将上下而求索"，茆老师的榜样力量将永远激励我砥砺前行。

敬爱的茆诗松老师，我们永远怀念您！

2023 年 2 月

悼念茆诗松老师

周纪芗

茆诗松老师于 2023 年 1 月 16 日去世，这是统计界的一个巨大的损失。虽然我在华东师范大学读书期间，他因为去苏联进修，没有直接为我们年级上过课，但是他的名字我们都知道。

1964 年，我毕业留校后，直接下农村参加两年“四清”运动，直到 1966 年 7 月底才回校。此时“文革”已经开始，学校停课，我们这批新教师也没有分到教研室。但由于我在大学选的是概率统计专门化组，所以一直随概率统计教研室参加运动，不过没有参加过真正的教学活动，当时我是一个没有任何教学、科研经历的教师。之后我与茆老师的相处有 50 多年，他对我的教育和培养、影响是多方面的，是我的良师益友。我只能简单罗列一些事实，以怀念茆诗松老师。

教学方面的培养与指导

1972 年数学系招收了第一届两年制培训班，500 多名学员分成 10 个小班（5 个大班）。1973 年秋要上概率统计课，我是第一次担任主讲教师。为了上好课，茆老师在教研室组织试讲，由于我是第一次上课，茆老师就让我试讲，大家提出意见以便改进教学，这次上课让我有了信心。

中国科学院每年利用暑假开设学习班，茆老师也总会安排教师参加，我就参加过“多元分析”“可靠性”等学习班，这让我对统计的理论与应用都有了更深的理解。

1991 年 9 月—1992 年 8 月我去加拿大维多利亚大学作访问学者，看到一本英文专著，对我启发很大，里面有不少实际数据，并介绍了处理方法。我就想我们学生也学了不少统计方法，面对实际数据能否分析处理？当时就想在毕业前夕能否为学生开设一门课，大家来讨论一些实际数据的处理方法，并从中获得一些启发。与茆老师讨论后，他大力支持，并给该课程取了个名称“统计咨询”。第一次开这门课时茆老师就来听课，提出宝贵的意见。

除此之外，为了搞好概率统计的教学，结合魏宗舒教授主编的《概率论与数理统计教程》一书，我们多次组织师范学校教师暑期学习班，茆老师总是亲自参加讲授，这为国内特别是师范院校开设概率统计课程作出了贡献。

到实际中去推广统计方法的应用

“文革”中期我们获得了一些正交设计的资料，发现它们在实际中有广泛的应用，茆老师就组织我们教研室的老师开设讨论班，大家一起学习，到橡胶厂、橡胶制品研究所、钢铁研究所、第三制药厂、农药厂等工厂、研究所去介绍，一起设计试验、分析数据取得了不少应用成果。这在上海市经济委员会质量处、上海各工业局等引起了很大的反响，许多单位邀请我们教师去办学习班，后来可靠性也在上海得到推广。这不仅让我们教师了解了企业，也为上海产品质量的提高作出了一点贡献。这为后来上海市经济委员会要我们开设数理统计职工专科班打下了基础。

在推广统计方法的同时，他还带领教研室的老师编写了两本书，以便推广统计方法用。一本是以上海市科学技术交流站组的名义组编的《正交试验设计法》(1975年由上海人民出版社出版)，另一本是《回归分析及其试验设计》(1978年由上海教育出版社出版，署名为上海师范大学数学系概率统计教研组，第二版于1981年改由华东师大出版社出版，作者署名为茆诗松，丁元，周纪芗，吕乃刚)

此外茆老师还要我参加了其他单位的实践锻炼，譬如要我参与上海第三钢铁厂普碳钢标准的修订、上海台风研究所台风路径的预报等，使我接触到了统计方法在多领域的应用。

指导科研工作

我是一个不大愿意写总结与论文的人，事情做完就完了。我在华东师范大学学报上发表的第一篇论文《求响应曲面的极小极大估计的计算机方法》(周纪芗、茆诗松，1983年第3期)就是在茆老师的指导下完成的，并且他一定要让我作为第一作者。

在试验设计、教育考试等多方面，我们经常讨论，形成论文。我在加拿大维多利亚大学作访问学者期间，茆老师也在加拿大滑铁卢大学访问，并且吴建福教授也在那里，他就请吴建福教授邀请我去那里访问，共同研究试验设计方面的问题。

参与教材编写

在编写“数理统计丛书”时，他就要求我把所上过的回归分析课程的讲义整理成教材。他为我详细审阅，提出许多修改意见，最终成书并由华东师范大学出版社出版，作为八本丛书之一。茆老师还邀请我与他一起编写教材，仅统计教材就有五本之多，我们两人的合作一直是愉快的。凡是我写的部分他都详细审阅，提出修改意见，有的还亲自修改。这种编写教材的过程也是我学习的一个过程。

退休后在上海质量管理科学研究院

茆老师与我分别是上海市质量协会的常务理事与理事，因此我们退休后他们就邀请我们两人每周抽点时间去上海质量管理科学研究院，共同为上海质量事业出点力。

那时上海质科院主要有两件事。一是全国要搞质量工程师资格评定，为此需要开展质量工程师培训，要编写教材，进行培训。我们就参与了《质量专业理论与实务》教材部分章节的编写，并参与了一些培训工作。二是为提高产品质量，向国外学习，开展六西格玛活动，这也需要编写教材与培训，我们就参与了《六西格玛核心教程：黑带读本》部分章节的编写与培训。有时企业还要我们去讨论项目中遇到的问题。总的来讲，我们为上海质量的提高做了一些工作，这在全国都是有影响的。

以上是我的点滴回忆，以纪念茆老师。我相信我校统计学院的师生一定不会辜负你的愿望，会将我们的统计学专业越办越好。

纪念茆诗松教授

张润楚

最近惊悉我国概率统计界著名教授、华东师范大学终身教授茆诗松先生离世，我们概率统计界同仁为失去一位可敬可爱的老师和朋友而无比悲痛。茆诗松教授是我国建立和发展现代概率统计学科的先驱者之一，他 1960 年代初留学苏联学习概率论和信息论，回国后潜心学习概率论和统计学，为我国创建数理统计专业打下基础。他学术知识渊博，为我国科学事业而勤勤恳恳奋斗，作出了许多突出贡献。他对人和蔼可亲，平易近人，深得学生和同事们的爱戴。

我国 1980 年代初为了改革开放从计划经济向市场经济发展的需要，要培养大量现代统计学的人才，首先在复旦大学、南开大学、华东师范大学设立数理统计专业，茆诗松老师就是华东师范大学数理统计专业的主要筹建者。随后不久又在他的主导下克服了许多困难，于 1984 年 12 月在华东师范大学率先成立了数理统计系。这是我国建立的第一个数理统计系，他为我国数理统计专业在高校的发展作出了榜样。

茆诗松教授为我国数理统计学学科的教材建设作出了重要贡献。他先后主持编写了《概率论与数理统计》《试验设计》《贝叶斯统计》等几十本统计学著作，其中《概率论与数理统计》和《概率论与数理统计习题与解答》获得了 2002 年全国高等学校优秀教材一等奖。这些著作多被高校作为数理统计专业课程的教材，尤其《概率论与数理统计教程》一书被高校统计学专业广泛采用作为概率统计基础课程的教材，获得大家的欢迎。茆诗松教授编写的由中国统计出版社出版的《试验设计》一书深入浅出地讲述了因子试验设计一些基本理论和应用，是一本试验设计应用课程的好教材。特别是它用大量实例讲述了单因子试验的设计理论与分析方法，并介绍区组试验设计的理论和分析方法等。书中同时提供许多相关习题作为练习，易学好懂，是一本很好的教材和参考书，被高校理科试验设计课广泛采用，得到大家的好评。

茆诗松教授非常重视理论联系实际，重视应用统计在我国的发展。在 1970 年代，他率先将数理统计引入质量管理，为上海乃至全国的质量管理事业作出了杰出的贡献。他对应用统计方法解决经济建设的实际问题有强烈的责任感，编写质量工程师教材，并推广六西格玛管理，为质量科学领域培养了大量懂统计、懂质量、又能应用于实际的人，他一直认为有这样的人才能把统计变成生产力。茆老师推广应用统计学成绩突出，得到了各界肯定，被国家质检总局授予全国质量管理突出贡献奖，被上海质量管理科学研究院授予“终身研究员”称号。中国质量管理协会授予茆老师“全国优秀质量管理工作者”（1993 年），上海市经济委员会、上海市技术监督局、上海市质量管理协会联合授予“上海市优秀质量管理推进者”（1999 年），国家质检总局授予“国家质量管理突出贡献奖”（2002 年），中国质量协会、中华全国总工会首届“中国杰出质量人”评选中授予“中国优秀质量人”称号（2005 年），上海市质量协会授予“上海白玉兰质量贡献奖”（2007 年）、“上海市质量管理功臣”荣誉称号（2012 年）。在茆老师的带领下，华东师范大学获得上海市推行全面质量管理先进单位（1999 年）。

茆诗松教授在无失效数据处理、加速寿命试验、可靠性统计、正交试验设计等方面卓有建树，发表相关论文多达七十余篇，与人合作完成了《寿命试验和加速寿命试验数据处理方法标准》（为国家标准 GB/T2689—1981 的基础），获第四机械工业部科技成果一等奖，同时获国防科工委重大技术改进成果二等奖。茆老师在教学科研方面成就卓著，在华东师范大学还培养了一批统计学高端人才，包括硕士研究生 50 多名，博士研究生 18 名。茆老师重视国际合作，1984 年 12 月至 1986 年 3 月先后作为访问学者访问了美国马里兰大学和威斯康星大学麦迪逊分校，1991 年作为访问学者又访问了加拿大滑铁卢大学，与国际顶级试验设计专家吴建福教授交流并合作研究，提高在试验设计领域的研究水平。

茆诗松教授为统计学事业奋斗贡献了一生，他对工作兢兢业业，淡泊名利，处处为人师表，是一位好老师，是我们学习的榜样。他在平时生活中和蔼可亲，平易近人，又是我们的一位好朋友，大家十分敬佩。我们永远怀念他。

善解人意的茆老师：怀念我的导师茆诗松教授

强立

茆诗松教授是我的硕士导师，我的本科论文也是茆老师指导的。记得当时我研究的课题是有关如何用非参数方法估计威布尔分布的参数，那是 1991—1993 年的事了。那时数理统计系建立计算机房不久，能给研究生用 386 或 486 计算机进行模拟计算和开展课题研究已经很不容易了。记得我那时在程序调试、模拟计算上花了大量时间，阶段性地就模拟计算结果向茆老师汇报，听取茆老师的指导意见。虽然我的本科论文获得了学校优秀论文奖，但是研究生阶段的课题研究并不顺利，我主动向茆老师汇报课题理论研究方面的想法并不多，有不少时间都只是在原地打转转。为了拓展我的研究思路，帮助我磨炼学以致用的本领，茆老师从研究生阶段开始就不断为我提供一些实践机会，比如他亲自带领我们去上海证券交易所，帮助诞生之初的上海证券交易所编制系列股价指数和统计报表；茆老师还安排我参加王玲玲老师的课题组，对某海军部队实弹演习数据进行可靠性分析；茆老师、王玲玲老师还带领我们去南京工业大学开展联合研究，具体研究什么课题，我已经记不得了。在茆老师等老师的指导和带领下，我第一次体会到如何运用数理统计知识来分析问题和尝试解决问题，激发了我在研究生课题研究中更多地结合实际背景来分析看似枯燥的模拟结果，并尝试用统计学理论进行解释。这些涉及不同行业、不同领域的实践机会，令我受益匪浅，帮助我拓宽了研究思路，增强了学习信心。

1993 年研究生毕业后，承蒙茆老师和母系的厚爱，系里给了我留系工作的机会，若继续读博的话，茆老师答应做我的博士生导师。虽然这一年里我一边工作——担任系里专科委培班的辅导员和外系高等数学课程的老师，一边开展博士生课程学习——参加博士生讨论班和博士生必修课程第二外语的学习，但是继续留校工作和攻读博士学位的干劲在逐渐减退……英语集中班 1 年、数理统计专业本科 4 年、研究生 2 年，在华东师范大学校园连续生活、学习了 7~8 年后，我有种“想走出去看看”的强烈冲动。特别是上海浦东开发、开放之后，各行业发展方兴未艾，同学们不仅在银行、保险、证券、物流等领域大显身手，而且工资待遇远超高校教师，可谓“外面的世界很精彩”。在我向茆老师提出辞职离校的想法后，茆老师似乎早有预料。茆老师对我放弃学校工作和读博的机会表示惋惜，但也理解我的想法。他说，在华东师范大学工作教书育人，可以直接传授统计学知识，继续深造可以更多地开展理论研究，但是离开华东师范大学走出校园，只要做到学以致用也可以为统计事业发展作出贡献。茆老师还叮嘱我，离开学校走上社会后，要将困难想得多一点。作研究是一回事，但工作成果要为领导、同行接受又是另一回事，可能不少情况下会无功而返，所以一定要培养工作韧劲和提高沟通能力。茆老师还关照我，离开校园后更要坚持学习，学习行业知识和统计学专业知识，只有注重发挥自己专长，才能跟上时代前进和行业发展的步伐。茆老师不仅善解人意，而且关心学生的持续发展，连我自己没想到的他也都考虑到了。茆老师对我说，如果离开学校后到了新单位觉得不合适，欢迎我再回来读书，母校母系的大门是永远敞开的。

1994 年离开华东师范大学至今快 30 年了，茆老师始终关心着我的成长。逢年过节去看望他，有时他让我汇报下近期的工作情况，在工作上有哪些进步。特别是在统计学方面的应用；有时他会提到一些行业政策的新变化，要听听我们业内人士的想法和意见；有时他会特意向我介绍同行系友的工作近况，希望对我的工作安排和促成互相合作有所启发。记得在我们交谈中，除了谈我的工作近况，师母抱怨最多的就是茆老师抽烟和熬夜的坏习惯。茆老师白天忙教学和系里的事，晚上挑灯夜战，看文献、编教材、搞科研，往往奋战至午夜之后，几十年如一日。茆老师因伏案时间过长、久坐不动，导致他颈椎、腰椎逐渐出现病变，严重时甚至连胳膊也抬不起来，不能点烟、拿筷子，人不能直立起来独立行走。记得 2012、2013 年前后，茆老师需要动手术和定期理疗来缓解症状。正是在这种身体状况下，茆老师以顽强的毅力克服病痛，在 77 岁高龄之际，整理出版了《退化数据统计分析》一书（中国统计出版社），了却了已故庄东辰博士及其家属的心愿。庄博士是茆老师的第一位博士生，2005 年因意外突然离世，未能完成编辑出版博士论文的心愿。茆老师善解人意，在没有合适人选可以相帮的情况下，他毅然决定拖着病躯，独立完成庄博士论文的补充和整理工作。因该论文完成较早，茆老师还根据研究领域的最新进展，补充了大量研究资料和文献。茆老师乐于成人之美，他的利他主义和敬业精神，始终令人敬佩。

学生永远怀念您，我的导师茆诗松教授！

华东师范大学数理统计系
1987 级本科 1991 级硕士
强立
2023 年 1 月

师恩永记心间：怀念导师茆诗松教授

张志华

2023 年 1 月 17 日的一大早，惊悉导师茆诗松教授永远地离开了我们，我心里万分悲痛。作为学生，老师的音容笑貌历历在目，与老师交往的许多往事时时浮现在我的脑海。老师是为人师表的楷模，他的做人做事都给我们树立了榜样，始终影响着我们。

1986 年 4 月，我有幸考入华东师范大学数理统计系研究生班。记得第一次见到茆老师是在硕士研究生复试的专业面试环节。在回答有关复合假设检验两类错误时，由于紧张我做到了真正的答非所问，当时茆老师以聊天方式询问大学所学课程，引导我思考。茆老师的循循善诱使我真正放松，顺利完成了专业面试。更使我感动的是，在教室外遇到茆老师时，茆老师告诉我面试没问题，并以玩笑方式说等下学期来系里学习时再见。老师的这句话让我记忆深刻，给了我莫大鼓励。正是这次面试，使我自己能够进入华东师范大学数理统计系学习，在概率统计殿堂亲身感受大师们的学术风采，得到茆老师等各位老师的学术指导，近距离感受到老师为人的热情真挚和工作的严谨求实。茆老师不仅带领我进入数理统计领域的学术研究，而且深深地影响着我的为人与工作。

三十多年来，不论是在我研究生学习期间，还是在我参加工作以后的三十多年里，茆老师始终是我学习工作上的领路人，一直关心着我的工作与学习，老师的教导让我在学术研究与工作上少走很多弯路。记得 1991 年 6 月份，经过三年多的努力，我终于完成了工作之后的第一个课题研究。当邀请茆老师主持课题成果鉴定时，我的心情十分忐忑，但让我喜出望外的是茆老师欣然同意。在课题成果鉴定会上，茆老师不仅对课题研究成果给予高度评价，还就储存可靠性数据处理的理论研究问题向课题组提出了很多宝贵意见，并鼓励我将研究成果尽快整理成学术论文发表。作为刚刚参加工作不久的年轻人，茆老师能够在百忙之中抽空参加课题鉴定给了我的莫大鼓励，老师这种燃烧自己、奉献他人的无私精神，一直激励着我严格要求自己，努力学习，为国防教育事业认真工作，培养更多合格人才。

茆老师一直关注装备质量与可靠性的宣贯与普及，关心可靠性在装备研制设计中的落实问题。每次看望老师时，茆老师总是详细询问装备可靠性的进展情况，并对装备可靠性要求论证、设计与分析、验证评估等问题提出很多意见建议。记得茆老师曾多次给我说“**提高装备质量的核心是可靠性设计措施的有效落实，需要好好研究可靠性设计措施的落实方法。**”茆老师的教导一直鼓励着我将可靠性设计作为自己重要的研究方向，促使我多年来广泛收集装备故障，深入学习各类装备故障分析报告，调研工程技术人员的设计经验，从中提取出装备可靠性设计所必须遵守的约束条件与准则，研究落实办法。目前，这些研究结果转化为多个型号装备的具体可靠性要求，促进了装备可靠性水平的提高。记得在 2021 年 7 月看望茆老师时，尽管老师身体已十分虚弱，但听到装备可靠性设计从基于指数分布的传统设计方法正在向基于性能的设计转变时，老师露出了欣慰的笑容。

茆老师关心学生的成长，不仅仅在学术上，而且还在日常生活上。记得 1989 年春，我在南开大学参加概率统计学术年会时，由于众所周知的政治原因，当时茆老师严格要求我们学生不能参加除学术之外的其他活动，每天晚上组织我们在他房间里进行研讨交流。那段时间里，在茆老师的指导下，有关步进加速寿命试验的统计方法很快形成了一篇论文，发表在《应用概率统计》（仲崇新、张志华，1991 年）。实在的话，当时我并不完全理解老师的要求，但随着时间沉积，老师说的话一直影响着我，我十分感谢老师的高瞻远瞩，感谢老师的严格要求。

时间匆匆，抹去了很多记忆，但抹不去的是对老师的感激之情。老师在三尺讲台上的激情讲课，老师在论文初稿上的批注修改，老师对学生的关心爱护，始终历历在目，永志不忘。

敬爱的茆老师千古！

（本文作者张志华 1986 年 9 月师从茆诗松教授，1988 年硕士研究生毕业，1995 年 6 月博士毕业，现任职于海军工程大学。）

难忘师情：忆导师茆诗松教授

罗旭

1990 年，我在甘肃兰州商学院基础部担任讲师，讲授高等数学、线性代数、概率统计、运筹学等课程。当时我就知道华东师范大学的统计学专业名气很大，是国内最早设立的三大数理统计专业之一。在茆老师等老师的不懈努力下，1983 年 7 月教育部批准华东师范大学设立了数理统计专业，1984 年 12 月成立数理统计系。华东师范大学的统计学专业特色鲜明，注重学以致用，其随机过程、可靠性统计、应用统计等方向在全国处于领先地位。1990 年秋天，我一位同事进入华东师范大学数理统计系主办的、为期一年的全国高校助教进修班学习。1991 年夏天同事回来后帮我带回一本茆老师等编写的油印本《高等数理统计》讲义（该书 1998 年由高等教育出版社出版发行），并给我详细介绍了数理统计系，特别是茆老师的研究方向，诸如可靠性统计、试验设计、质量管理及应用等。此后，我认真研读了《高等数理统计》这本书，受益匪浅，并积极准备考博。1992 年初，一代伟人邓小平同志发表南方谈话，号召加快改革开放步伐，全民掀起一股经商热、下海热，这时考研相比以往机会可能更佳一些，而华东师范大学概率论与数理统计专业正好也招收博士研究生。于是我选择了考博，并于 7 月拿到了华东师范大学概率论与数理统计专业博士学位研究生录取通知书，幸运地成为茆老师的学生。老师治学严谨，胸怀宏大，诲人不倦，辛勤耕耘。读博期间，在前两年讨论课的研讨学习中，老师邀请国内外一流学者为我们授业解惑，开阔眼界。一方面要求我们密切跟踪国内外最新统计研究和应用成果，另一方面鼓励大家发散性思维，学生们受益良多。老师强调，统计不但要看推理和归纳能力，更要看解决实际问题的分析能力，要为社会经济发展贡献智慧。二年级第一学期，我有幸参与了老师主持的一个军工课题的大型调研，老师不辞辛苦带领我们深入现场，获取第一手信息，跟行业专家们深入讨论问题和解决方案，我深切感受到了统计应用并解决实际问题的重要性。在论文选题及完成过程中，老师除精心指导之外，还委托自己在美国的学生帮我收集了相关专题的最新研究资料并提供了一些建议，使我及时修补并完成了毕业论文。老师坦诚率真、待人亲和，充分给予学生探索个人发展道路的自由，并提供最好的资源与指导。临近毕业的前几个月，我提出想去企业工作并与一家金融公司达成就业意向，老师知道后给予我鼓励和支持，并希望我能将所学统计知识应用到实际工作中去，为经济建设贡献一点力量，令我十分感动。老师虚怀若谷，厚德载物，有广博的视野、前瞻的目光和广泛的学术网络。毕业后我虽不在高校工作，但仍和老师保持着各种联系。在老师的大力推荐和帮助下，我跟随老师参加了 1996 年 7 月在台湾高雄举办的第一届海峡两岸统计学研讨会，看到了统计理论和统计应用的诸多最新成果，开阔了眼界，收获颇多。特别是会后交流和学术访问的几天里，我与老师充分交流如何将统计思想和方法应用到保险、证券等金融领域。20 世纪 90 年代冷战结束后，美国一大批物理、数学、计算机、航空航天领域的高科技人才转向金融研究和应用，金融数学、金融工程、量化投资在美国迎来了爆发式发展，而国内此时在这些新兴领域几乎处于空白状态。这个时期老师极富远见地提出要利用上海建设金融中心的有利条件，率先行动起来，加强金融数学和金融工程的基础研究和应用研究，设立相应的学科和专业，培养中高级专业人才，特别要和金融机构、金融企业合作推进。而后数年，老师身体力行，积极推动在华东师范大学设立相关学科专业，培养了一批金融数学和金融工程方面的研究和应用人才。老师一生挚爱统计事业，在统计研究和推广应用、学科建设、人才培养、教材建设等方面贡献良多。每每回忆往昔，仿佛就发生在眼前，记忆犹新。斯人已逝，唯师恩难忘，幽思长存。数载传授，谆谆教导，言犹在耳，风范长存。

（本文作者罗旭 1992 年 9 月师从茆诗松教授，1995 年 6 月博士毕业，先后任职于国泰君安证券股份有限公司、国泰基金管理有限公司、中金投资（集团）有限公司、上海中际投资咨询有限公司等，现已退休。）

老师人格、学问高山仰止，永远是我学习的榜样：纪念我的导师茆诗松教授

尤进红

2023 年 1 月 17 日早晨醒来，我打开手机，收到微信，惊悉我尊敬的博士导师，我国著名统计学家和统计学教育家茆诗松老师驾鹤西去。想到从此再也不能当面聆听恩师的教诲，不禁潸然泪下。想当年恩师 80 岁生日，我身在异国，不能和师兄弟们一起现场拜寿，很是遗憾，而如今又没能赶回上海见恩师最后一面，深感悲痛！

我 1992 年本科毕业后进入华东师范大学数理统计系攻读硕士、博士，硕士期间的导师是林举干老师，硕士毕业后继续读博士，博士导师是茆老师。

茆老师爱生如子、提携后进。记得当年读博士第一学期元旦，茆老师就邀请我和刘忠到他家里吃饭。茆老师和师母严老师为我俩准备了丰盛的晚餐，还有红葡萄酒。茆老师亲自用小烤箱给我们俩烤鸡翅，不断地给我俩夹菜，叮嘱我们多吃一点。在 20 世纪 90 年代，数学、数理统计等学科的科研经费不多，申请不易，但是茆老师总在学期结束时从自己的科研经费里给我们每个博士发放津贴，这些津贴对于我们当时读博的学生来说绝对是雪中送炭。记得茆老师曾带着我和刘忠为上海期货交易所做课题，课题完成后，交易所发放了一笔酬金，茆老师把酬金的绝大部分给了我和刘忠，自己只留下几包烟钱。我博士快毕业时，茆老师和当时的系主任王静龙老师都希望我留系工作。但当我向茆老师坦陈我有出国深造的打算时，茆老师不仅不加阻拦，反而积极成全。之后不久，正好加拿大里贾纳大学的陈歌迈老师回上海访问华东师范大学，茆老师就把我推荐给了陈歌迈老师，从此改变了我的人生轨迹。

茆老师胸襟宽广、虚怀若谷。茆老师自己的主要研究方向是可靠性和质量控制，但是他从来没有把自己所带博士的研究框定在这两个领域，总是根据学生自己的特长、偏好、国内外统计学的发展趋势以及业界对统计学的需求来帮助学生确定研究

方向。所以，茆老师所带博士生的论文各个方向的研究都有，既有作可靠性、试验设计的，也有作多元分析、经验（欧氏）似然的，还有作与其他学科交叉研究的，如金融、保险领域的风险管理等。我硕士期间跟林举干老师作的是多元回归方向的研究，相对来说我对矩阵理论比较熟悉，所以茆老师鼓励我在博士期间继续往这个方向努力。因此，我的博士论文做的是与生长曲线相关的 GMANOVA 模型的估计方法和相应性质。在我读博士期间，茆老师正好和王静龙老师、濮晓龙老师撰写《高等数理统计》教材。我们几个学生帮忙用 LaTeX 打印了若干章节，茆老师就把我们的名字都列出在该书的序言中表示感谢。记得博士二年级时，茆老师和张志华师兄有篇可靠性的论文手稿，里面有个定理涉及矩阵论的内容，茆老师让我看一下能否帮忙给出证明。我当时粗看了一下，觉得可以证明，就答应了下来。但是努力了几周，没有证明出来，我不得不硬着头皮忐忑不安地告诉茆老师我证明不出来。茆老师听了，笑了笑，安慰我说没有关系。我出国几年后意欲回国工作，茆老师非常希望我回母校华东师范大学工作，但最终我没有接受母校的邀请去了别的学校。茆老师对我没有半句责备，还鼓励我在新的单位好好工作。

回国后，我有比较多的机会当面聆听茆老师的教诲。我和师兄弟们去看望茆老师时，他经常会询问我们，他编撰的教材在教学中的使用效果如何，学生有什么反馈意见。当年事已高时，他经常对我们说，他年纪大了，学不动新东西了，统计学的未来需要靠年轻人。

茆老师为推动中国统计事业的发展奉献终身。正如师母严老师经常说的，统计就是茆老师的命，茆老师把他自己的一生都奉献给了中国的统计事业。茆老师一生发表了 150 余篇学术论文，出版著作 40 余本，指导博士生 18 人、硕士生 54 人，这些都是我们学生难以望其项背的。茆老师在八十多岁、身体状况欠佳的情况下，还笔耕不辍，为工程领域编写统计学教材。几乎每次我和师兄弟们去看望他时，茆老师都会兴致勃勃地告诉我们，他又在撰写或修订某某教材，想听听我们的意见和建议。茆老师和他同事们编撰的系列教材被青年学子们亲切地称为“茆书”，已经并正在影响着一代又一代统计人。

我个人觉得，茆老师“把数理统计应用于实践、解决实际问题“的理念，对于我国统计学发展的贡献更为重要。他一直强调“搞数理统计不能闭门造车，只有真正应用到生产实践领域，才能体现出它的价值，让数理统计真正在中国生根。”茆老师一生都在践行这些理念，承担了很多和国计民生切实相关的应用项目。这种基于实践驱动发展统计学的理念，着眼于统计学科长远发展的根基问题，很有战略眼光。近年来国际范围内统计学的兴盛也印证了这一理念的前瞻性，而茆老师在 20 世纪 60 年代就开始在中国推广这种理念，真是难能可贵。

茆老师对于统计学充满热情，真可谓活到老、学到老。几年前，上海财经大学举办纪念张尧庭教授的会议，茆老师当时已经八十多岁高龄，还在会上作了有关大数据及其在金融中应用的演讲。我清楚地记得，中午会议休息期间茆老师兴致勃勃地和我们一起在统计与管理学院休息室吃盒饭的情景。

这些跟随茆老师学习、与他交往的点滴经历，连缀起我对茆老师的深切缅怀。他的音容笑貌历历在目，谆谆教诲言犹在耳。茆老师的人格、学问高山仰止，他永远是我学习的榜样！

追忆恩师茆诗松教授

刘忠

得遇良师，人生至幸。2023 年 1 月 16 日，敬爱的恩师茆诗松教授永远离开了我们，悲痛之情，难以言表。30 年来，点点滴滴，历历在目，师生之谊，父子之情，已无二致。

人生际缘，自有线牵

我 1989 年本科就读于西南师范大学（现西南大学）数学系数学专业。那时，“学好数理化，走遍天下都不怕”已经有些过时。一位就读计算机专业的高中同学可能并非出于轻视地说了一句“数学有什么用呢”，他至今都不知道，这句话改变了我的人生轨迹，使我偏离“师范院校，数学专业，大学老师”的常规轨迹，引向了茆诗松教授和统计应用。

尽管我基础数学学得很好，觉得自己比较擅长近世代数、拓扑学等抽象数学，但我还是放弃了唯一名额的研究生保送资格，报考了华东师范大学数理统计系。因为讲授概率统计的老师说，华东师范大学数理统计在全国领先而且偏重应用，茆诗松教授是统计应用的代表性人物。

第一次见到茆老师是 1993 年 4 月，我参加研究生面试后到他家送一封信函。记得茆老师还没有结束晚餐，他赶忙吃完最后一段带鱼，然后和我们亲切交谈。去时我满怀面对大教授、系主任的忐忑和拘谨，回时满怀鸿儒长者留给的温暖和热情。

研究生一年级之后申请导师时，尽管我似乎在概率方面学得更好，但基于对数学应用的志向，我毫无二念地申请师从茆老师。由于我的学业成绩较好，茆老师欣然接受了我作为他的硕士研究生。

茆门统计，学以致用

茆老师的主要研究方向是可靠性统计，于是我最初的研究方向也是可靠性统计。茆老师给我的第一篇论文是关于退化数据的统计分析，论文很难，我读了很多遍才基本搞懂。茆老师带我参与的第一个课题就是上海某元器件厂的可靠性统计分析，厂家工程师对我们非常热情和尊重，我还用 FORTRAN 语言帮他们写了数据处理和分析程序，他们赞叹不已。我第一次感受到统计分析的实践作用，感觉非常好。茆老师带我参与的一个大课题是江南造船厂委托的舰艇零部件的可靠性分析，看到统计分析能发挥这样有意义的作用，我更加觉得自己的选择很正确，数学是可以致用的。

茆老师却经常告诫我们一句话：统计要离数学越远越好。我一开始并不很理解，统计不也是数学吗，我们做的很多统计研究不就是在推演公式、证明定理吗？后来我逐渐明白，统计更要强调应用，追求统计的应用意义要远大于追求统计的数学意义。1984 年数理统计系从数学系独立出来，1994 年数理统计系更名为统计系，估计都是茆老师这句话的作用结果。

茆老师还经常告诫我们另一句话：让数据说话。而今，当我们经常把科学决策、数据决策时常放在嘴边时，30 年前茆老师的这句话是多么具有前瞻性和指导性。

当我研二快结束时，华东师范大学开始首次实施硕博连读培养计划。经过不太困难的考试，我成了茆老师的博士研究生，和尤进红一起成了茆老师的第三届博士生。我本以为将跟随前面师兄们的步伐，继续在可靠性统计上深耕，却没料想迎来了研究方向的大转变。

大胆开拓，引向金融

我成为博士生不久，茆老师希望我转向金融统计方向的研究。对当时的我，金融就犹如外星上的东西。

回想起来，茆老师有这样的想法，可能有以下几个原因：一是他说过多次的，有个美国的教授告诉他，统计在金融中很有用；二是他的第一个博士，我的大师兄庄东辰，他博士毕业后去了万国证券（现申万宏源证券的前身之一）作证券研究，经常回校传导经验，讲述统计在证券分析中的作用；三是上海证券交易所已经成立了 5 年，统计系师生经常参与一些上海证券交易所的课题项目，有了实践尝试；四是国家自然科学基金委已经启动“九五”重大项目“金融数学、金融工程和金融管理”，华东师范大学统计系不能是旁观者。最后一点也许最重要，我后来在行业中遇到很多与该项目有关的学者和业者。

尽管我对金融也有朦胧的兴趣，对其就业前景也很看好，但要做金融统计的博士研究，还是非常忐忑，因为我对金融完全是一穷二白，没有相关知识，没有相关资料，也没有相关指导。尽管华东师范大学金融系也很强，但与金融数学、金融工程不是一回事。

我遇到的一位身体力行的导师。从最基本的知识开始，茆老师开始组织我们学习萨缪尔森的经济学，每周都有一个整下午，我们自学自讲、讨论辩论。上千页的经济学上、下册学完，茆老师和我们一众学生第一次搞明白需求与供给、金融证券是怎么回事。而今回忆起来，那时已是 60 岁的大教授，每周坚持和我们年轻人一起，讨论一些经济学本科生都觉得幼稚的问题，何等让人感慨。

我的博士生阶段还有一个插曲。那时候保险精算也很火热，统计系很多师生都从事这方面学习和研究，统计学专业学生去考精算师是相对容易的事。我告诉茆老师也想考精算的想法后，他坚定地希望我专心致志地作金融统计，我毫无质疑地接受了他的建议。而今回望，茆老师的坚定使我经受住了金融统计研究的艰难考验，在以后工作学习中我能无畏地面对各种困难和挑战，这使我终身受益。

当我度过在华东师范大学、复旦大学、上海财经大学图书馆的无数白昼和在博士楼宿舍的无数挑灯夜战后，1998 年春节前我把博士论文初稿交给了茆老师。春节后我去见他时，他说读完全文，文章里有定理、有证明，有金融解释、有数据实证，基本上他可以放心了。原来他的心一直悬着呢！

我应该是茆老师门下第一个搞金融统计方向研究的博士生，后面的很多师弟、师妹们也纷纷走上了金融方向。我可能是国内较早用统计方法进行衍生品定价研究的博士生之一，博士论文答辩时，担任主席的张尧庭教授还给予了我赞许。

茆老师的大胆开拓、躬身指引、坚定信念，使我走上了金融之路。

无微不至，关怀如父

华东师范大学统计系师生较少，彼此都很熟悉，犹如一个小家庭。在校 5 年时间里，我感受到统计系家庭般的温暖，更感受到茆老师慈父般的关怀。

记得是 1995 年的春节前，茆老师、严老师亲自在家设宴，与我们一众学生吃团圆年饭。我们刚到他家楼下，就看见茆老师骑着他的二八杠自行车，刚去买鸡翅回来，那是我第一次吃烤箱烤的鸡翅。那晚上我第一次喝晕了，在他家沙发上躺一会，严老师慈母般地给我盖上毯子。1995 年夏天，那时候还是女友的我爱人到上海来，茆老师得知后，和严老师一起在国际学术交流中心设宴招待，要知道我那时只不过是一个研二学生。有一次学期结束，我准备回老家，去茆老师家告别时，茆老师居然赠送我出租车票，要知道那时候打出租车是比较奢侈的事。我毕业找工作时，留的电话都是茆老师家里的，茆老师还经常到宿舍来找我，告知我一些单位信息。

毕业后时常去茆老师家里，他和严老师总是像对待孩子般地问长问短，关心着我的工作，关心着我和家人的日常。在茆老师身体尚可的时候，茆门弟子及他较熟悉的统计系师生每年都举行一次大聚会，其乐融融。

点点滴滴，历历在目。

意志坚毅，仰之弥高

2009 年茆老师因长期伏案，颈椎压迫神经导致四肢几近瘫痪，双脚站立不稳无法行走，双手拿筷握勺都困难。我去上海市第六人民医院看望他，他刚从理疗舱出来，坐在轮椅上，说要抽烟，并试图自己用打火机点火，但努力多次也握不好打火机，更打不了火，最后还是阿姨帮助点了烟。我不禁眼眶湿润，他却很乐观和洒脱，似乎根本没把病情当回事，说自己一定能康复的。

他说到做到。他在家里扶着墙一步步移动，在楼下扶着树一步步转圈，在小区里推着轮椅一步步行走，经过日积月累的坚持，茆老师基本康复如常了。那时他已经 74 岁了。

茆老师让人敬仰的，不仅仅是治学成就，他的坚毅品质更值得学习。

谨以此文，纪念恩师茆诗松教授！

师恩难忘，情谊永存：怀念恩师茆诗松教授

岳荣先

2023 年 1 月 17 日，惊悉我国著名统计学家和统计学教育家茆诗松老师仙逝，中国统计学界又失去了一位德高望重的前辈，万分悲痛。回忆起我在华东师范大学数学博士后科研流动站工作期间的件件往事，茆老师的音容笑貌历历在目，谆谆教诲言犹在耳。茆老师那爱生如子的朴素情怀、执教倾心的敬业精神、锲而不舍的科学态度，一次次震撼着我的心灵。

1997 年初，我与茆老师相识于香港。那时，茆老师应邀访问香港浸会大学数学系，而我在香港浸会大学数学系攻读博士学位，并计划于当年年底前毕业。我与茆老师谈起我毕业后的工作问题，茆老师耐心倾听，并了解我的课题研究进展和学位论文情况，给出诸多指导建议。在一次交谈中，茆老师问我是否愿意到华东师范大学做博士后研究，并告知，如果我愿意，还需要向学校为我争取计划名额，因为当年已接受了另一位博士后进站，即刘义兴博士。我当即表示非常愿意，并拜托茆老师向学校争取名额。此前，虽与茆老师未曾谋面，但我早已了解概率论与数理统计学科是华东师范大学重要的传统优势特色学科。我十分仰慕茆老师的学识和为人，深感能在茆老师的指导下开展博士后研究工作是我的莫大荣幸。在结束短暂的学术访问回到上海之后，茆老师随即向学校为我争取博士后计划名额。经过多方努力，茆老师书信告知，已为我成功争取到博士后计划名额的好消息。1997 年 10 月，我顺利通过博士学位论文答辩，12 月份成功办理了华东师范大学数学博士后科研流动站进站手续，拜师茆老师门下，开始博士后研究工作。

茆老师作为合作导师，在我的学习、科研和生活上无私地给予了热心的关怀和指导。我与茆老师讨论确定了我的博士后研究计划，研究课题是关于拟蒙特卡洛方法的应用基础研究。拟蒙特卡洛方法使用低偏差序列（一种确定生成的超均匀分布

序列，也称为拟随机序列），它是一种比蒙特卡洛方法具有更快渐近收敛速度的方法，常用于高维积分数值计算和研究其他一些高维数值问题。拟蒙特卡洛方法及其应用是当时国际数学与统计学界的研究热点之一，具有较强的吸引力和挑战性。在丽娃河畔的数学馆，茆老师与我时常就研究课题中的具体问题进行讨论，不忽视任何一个细节，给出了许多有益的指导与启迪。1998 年，我与茆老师合作完成了关于随机攀爬—网格与序列数值积分误差方差的研究，研究结果于 1999 年发表于 SCI 期刊 Statistics & Probability Letters 上。

1998 年秋学期，统计系安排我承担计算机科学与技术专业的概率统计课程教学任务。针对工科专业和学生的基本特点，茆老师从备课、讲课、作业、辅导与考评等教学过程重要环节对我进行指导，并叮嘱我务必重视概率统计的知识背景和统计思想的讲授，增强学生尊重数据、热爱数据的意识，培养学生的数据分析能力。茆老师的热心帮教和指导是我顺利完成教学任务的重要保证。

在我完成博士后课题研究而准备出站前的一个多月，茆老师又尽心竭力帮助我联系工作单位。茆老师真心希望我能留在华东师范大学统计系工作，并亲自找学校有关部门和领导进行大力推荐，但终因家属工作安排困难而未能如愿。茆老师又及时向我提供了多位在高校工作的校友的详细信息，如上海大学的王汉兴教授、上海师范大学的费鹤良教授、暨南大学的伍超标教授，等等。经多方权衡，我选择了上海师范大学，于 1999 年 6 月正式任职，一直工作至今。在我出站前夕，茆老师和师母严老师还在丽娃餐厅宴请我与刘义兴及各自家人，茆老师为我们二位出站后的工作提出了殷切期望和新的要求。茆老师那慈父般的谆谆教诲，我永远铭记在心。

茆老师一生崇尚科学，治学严谨，为人谦和，淡泊名利，严于律己，宽以待人，深受国内外同仁、朋友和学生的尊敬和爱戴。尽管茆老师永远地离开了我们，但恩师风范，山高水长，我们永远怀念敬爱的茆老师！

唯愿恩师在天之灵得以安息！

2023 年 1 月 19 日

导师的力量：怀念导师茆诗松先生

周斌

在上海凛冽的寒风中，我接到老同事卞正庆老师的电话，告知我的导师茆诗松先生去世的消息。听到导师已驾鹤西去，学生心中的悲痛无以言表，同时又陷于深深的懊恼之中。2022 年 12 月中旬，我正准备动身前往导师家看望，师母微信回复鉴于上海疫情严重，家有老人与孩子（师母知道我家有未满一周岁的孙子）的家庭最好不要走动，以免被感染。接到师母的信息，我就想等疫情好转后再去拜访，然而再也没有亲见导师的机会了。恍惚中有无限的思绪涌入脑海，导师的音容笑貌与谆谆教诲涌上心头，我在书房里默默地追忆导师，撰写此文以表达我对导师的怀念之情……

人的一生中会遇到诸多老师，然而真正能称之为人生导师的却是寥若晨星。西汉学者杨雄说过：**务学不如务求师。师者，人之模范也。希骥之马，亦骥之乘。希颜之徒，亦颜之伦。**古人对择师重要性的论述，我是进入花甲之年后才渐渐品味出来的。

记得我进入不惑之年时，尽管当时已奠定了较好的发展基石，但对未来的人生道路仍有憧憬。为此我把自己的想法写信给陈希孺院士，希望他给我指点迷津。陈先生给我的建议是，华东师范大学统计系**茆诗松教授在中国应用统计领域是执牛耳者**，你可以选择茆教授作为你的博士导师。正是在陈先生的鼓励下，我报考了茆先生的博士。

1990 年代中期，泰铢、林吉特、印尼盾等东南亚国家的货币纷纷贬值，由此拉开了亚洲金融危机的大幕，处于同样外向型经济发展模式的中国经济也深受影响。在此大环境下，金融风险管理得到了前所未有的重视。茆先生在应用概率统计、抽样与质量管理等领域建树颇丰，而我则更希望选择金融风险管理的方向去研究，这是否能得到导师的应允与支持呢？怀着忐忑不安的心情与先生交流后，导师的话完全打消了我的顾虑。导师鼓励我以风险管理的视角去研究金融与资本市场，利用数理统计的方法与工具来分析大数据的结构与规律。在我读博期间，导师一步步帮助我确定博士研究的方向与课题，并通过承接资本市场风险管理的研究课题，使我的研究有的放矢。如对上海证券市场有效性的研究课题中，导师指导我们通过对上证指数波动的政策分析、因子分析、白噪声分析等，寻找导致指数波动的风险来源，并通过随机分析及游程检验等统计分析工具，得出当时上海证券市场的弱有效性的结论等。正是导师博大的胸怀与眼界，让我在博士的研究方向上确定了一个能结合自身兴趣与特长的具有市场应用前景的研究方向，这为我日后在银行从事风险管理与证券公司做投资分析奠定了重要的基石。

我出生于知识分子家庭、下过乡、当过工人，是党中央恢复高考的决策给了我接受高等教育的机会。华东师范大学博士毕业后我在金融行业从业多年，每年都会向导师汇报自己的工作情况，交流中总能得到导师指导与鼓励。时间过得很快，转眼我已到了**知天命**之年。回顾以往自身的职业发展道路，加之长久以来受孟子**“得天下英才而教育之”**为乐的思想影响，我有了回归教师职业的想法。导师在与我的交流中又给予了莫大的鼓励与支持，他希望我利用多年金融与资本市场的从业经验，来推动华东师范大学统计系风险管理与保险专业的发展。弹指一挥间，回到华东师范大学执教十年后我退休了，但退休以后我依然在从事金融风险管理教育的工作，我的课堂已从校园延伸至更为广阔的空间——面对银行、证券、保险行业的从业人员的职业教育市场。在这充满机遇与挑战的职业教育市场，作为教师必须保持与金融和资本市场的与时俱进，这就需要坚持每天跟踪经济与金融信息，分析重大经济与金融政策对投资市场的影响，并熟练地运用数理统计的分析工具，寻找数据背后的投资逻辑。

回顾自身的成长过程，导师总能在关键时刻给我指明前进的方向。先生那魁梧的身材，睿智的目光，宽容的心态，在学生的眼中，他就是一位**“仰不愧于天，俯不怍于人”**的真正有力量的君子。

2023 年 1 月 18 日

纪念我的导师茆诗松教授

徐勤丰

经周纪芗老师推荐，我有幸于 1996 年秋师从茆老师攻读博士。正是从那时起，我才开始了解、熟悉茆老师。之前，我虽然在华东师范大学统计系上学六年，久闻茆老师大名，读过他的教材，但没听过他的课，与他接触很少。只记得大学毕业时，茆老师亲自给我们每一位同学颁发毕业证书。

学业方面我直接受教于茆老师的主要有三个领域：试验设计、贝叶斯分析和广义线性模型。茆老师给我们开设过贝叶斯分析和广义线性模型两门博士课程，用的教材分别是 James O. Berger 的 *Statistical decision theory and bayesian analysis* 和 P. McCullagh, John A. Nelder 的 *Generalized linear models*。茆老师讲课很有特色，常以直观、生动的例子引入主题，深入浅出，突出问题与统计思想，不纠结于技术细节。他的声音沙哑，很有感染力。听茆老师的课总是轻松愉快的，但课后需要花不少力气消化吸收。受这两门课程的影响和启发，我对这两个领域产生了浓厚的兴趣，在今后的学习、科研和教学中多有涉足。

硕士阶段，我跟随周纪芗老师学习田口方法、参数的稳健设计。茆老师认为试验设计是数理统计的一个重要分支，在工农业生产、质量改进等领域有广泛应用。他非常希望培养一些从事试验设计方向研究、应用的学生。所以，他建议我在博士阶段继续研究田口方法、试验设计。当时周老师指导的陈颖师兄的硕士论文，针对田口的内、外表直积设计，提出了一种估计方差的方法。茆老师对陈颖的工作很满意，他希望我能够继续推进陈颖的工作，以有效地估计方差为目的，进一步改进田口的试验设计方法，我的博士论文就是围绕着茆老师的这个意图展开的。正是由于博士论文的研究和写作，促使我比较系统地学习了试验设计的统计理论和构造设计的数学技术，让我对试验设计在各领域的应用、理论和方法的新进展、对田口方法及其相关研究这些方面有了比较全面的认识。我对这一领域专业知识的积累应归功于茆老师的引导、督促与鼓励。

茆老师对我的支持、关心和信任，让我终生感念。我的博士论文，从选题、文献研读、难点的克服，一直到修改成稿，每个环节茆老师都花了不少精力，给了我很多指导。记得 1997 年我去南开大学参加统计暑期学校的学习，茆老师特地关照我要去拜会张润楚老师，向他请教试验设计问题。在论文初稿写成后，茆老师又不厌其烦仔细阅读，多次跟我一起讨论、斟酌，从内容到文字，提出了很多修改意见。有一次他亲自来我宿舍与我讨论改稿，一直从上午 10 时讨论到下午 1 时多。毕业前夕，茆老师得知我还没有落实工作，立即打电话给郑祖康老师，把我推荐给复旦大学。这些往事我至今历历在目、记忆犹新。

在毕业工作之后，茆老师仍然关心我。2000 年茆老师把我推荐给方开泰老师，让我获得了 2001 年 9 月赴香港浸会大学访问的机会，其间我跟随方开泰老师学习均匀设计，从事合作研究。茆老师还经常问起我在复旦大学教学、科研的情况，尽管我各方面都成绩平平，但茆老师从来没有批评责备过我，也没有对我另眼相待。我们去看望他时，他经常饶有兴趣地跟我聊起概率统计的教学，耐心地听我的想法、谈他的见解。得知我们采用他的教材教课时，他非常高兴，让我把教材使用中发现的问题、意见写下来，反馈给他，以便他在教材再版时修改完善。他非常谦虚，听得进不同的意见，尊重我的看法，让我深深感受到他对我的信任。

茆老师是一位宽厚、豁达的长者，在学生面前从不端架子，非常随和。读书期间，他和师母一年之中总会邀请我们师兄弟们一起聚个餐、聊聊天。茆老师尊重并支持我们每一位学生对自身未来发展的选择，总是积极地给我们创造各种发展机会。统计是他一生热爱的事业，他希望他的学生到全国各高校、到各行各业去发展，推广统计学。他常说，统计知识是好东西，对社会发展、国家建设有用。

茆老师的思路非常开阔，科研和培养学生都不拘泥于他擅长熟悉的领域。他一生在可靠性、试验设计、质量管理、经营决策、贝叶斯分析等领域都有耕耘，并孜孜不倦地推广统计在工业、质量管理等领域的应用。联系实际、注重应用，这是茆老师做学问的一大特点。年过 60 岁时，他仍兴致勃勃地追踪那时兴起的金融统计研究，支持学生研究金融问题，并给我们创造研究条件，比如让我们参加国际金融系潘英丽老师的讨论班。

茆老师晚年时由于颈椎、腰椎等疾病，行走都变得困难，但他仍然勤勤恳恳地写教材、写文章，沉迷于他的统计世界。茆老师写的教材很有特色，往往由浅入深、从具体到一般，而且注重应用，例子丰富，非常有助于引导学生入门，也适合用于自学。最近，我的学生告诉我，茆老师的教材被称为“茆书”，在国内概率论与数理统计类教材中独具特色，很受欢迎。

从 2020 年初暴发疫情之后，由于担心传染、由于封控，也主要由于自己疏懒，我整整三年没有去看望过茆老师。去年初听说茆老师身体状态不太好，心里想着要去看望一下，但一直没有行动。直到噩耗传来，终究留下了永远的遗憾。回想上一次和师兄一起去看望他时，他还精神很好，坐在椅子上，点支烟，饶有兴趣地打听我们的近况，跟我们交流对社会热点问题的看法，俨然一位慈祥乐观的长者。那一幕现在永远定格在师母拍下的照片中，定格在我的记忆中了。

去年底，疫情在经历了长期严格封控之后放开，感染人数较多。对于健康状况不佳的八旬老人而言，感染新冠无疑是一场劫难，茆老师也终究没有在这场劫难中幸免，新冠病毒确确实实是导致他逝世的一个加速因子。有同学说，茆老师不会纠结自己是因何而离世的。我想，以茆老师的宽厚豁达，他确实不会纠结，但以他严谨治学的态度，他也不会回避事实。围绕着疫情这场灾难对社会方方面面的影响，有许多数据有待收集，也有许多事实有待调查研究。社会的良性发展需要事实真相，而需要事实真相的地方就有统计的用武之地，所以统计学一定会在社会的发展进步中蓬勃发展，发挥重要作用。茆老师一生辛勤耕耘的价值必将被社会铭记。是为祭。

学生徐勤丰
2023 年 2 月 10 日
于复旦大学思源楼

怀念恩师茆诗松教授

汤银才

2023 年刚开始才半个多月，我就收到一个让整个统计界都震惊的消息，我的博士生导师茆诗松教授终因没能躲过新冠海啸的冲击，于 1 月 16 日离开了我们。对于茆老师的不幸离世我们都感到万分的悲痛，此时此刻许许多多往事像一部纪录片呈现在我的面前。

与茆老师的第一次相遇

对我学术生涯最有影响是我的两位研究生导师：一位是我的硕士生导师，上海师范大学的费鹤良教授，是他让我对可靠性统计及各类寿命试验产生了浓厚的兴趣。我还清晰地记得，1990 年 11 月我还在上海师范大学就读硕士第二年的时候，在费老师的安排下参加了一次由福建师范大学主办的全国可靠性理论与工程高级研讨会。就是在那次会上我有幸认识了我的第二位导师，华东师范大学统计系的茆诗松教授。他们还介绍让我认识了可靠性领域的一些老前辈，如中国科学院数学所的曹晋华教授、中国船舶七〇二所的周源泉研究员、福建师范大学的林忠明教授、上海大学的史定华教授、中山大学的邓永录教授等。我依稀记得茆老师用胶片在会上讲述无失效数据的统计分析的情形，解释如何将方法用于解决航空航天等领域的高可靠产品的可靠度估计问题。从那时开始，我对茆老师在可靠性方面的研究有了更多的了解，这次相识为我之后跟茆老师攻读概率论与数理统计博士学位埋下了种子。之后的两年里我读了一些茆老师和他弟子的期刊论文或毕业论文，印象特别深的是费老师参加答辩后复印的几位师兄的毕业论文，如张彪师兄的《Weibull 分布参数及其可靠性指标的置信限》，韩清师兄的《Weibull 分布定时截尾情形下的加速寿命的统计方法》和仲崇新师兄的

《加速寿命试验的 Bayes 方法》，这些积累为我基于贝叶斯方法完成硕士论文《序进应力加速寿命试验参数估计的一种新方法》，并协助费老师完成国家自然科学基金项目“序进应力加速寿命试验的统计分析及其在钽电解电容器上的应用”奠定了扎实的理论基础。

攻读博士学位

在 1992 年顺利完成硕士研究生学位论文后，我得以留在上海师范大学（徐汇校区）工作，之后与茆老师的交集并不多，但我仍记得有一次去华东师范大学数学馆听一个 Bootstrap 的讲座，讲座由茆老师主持，魏宗舒先生还给了一个简短的致辞。在我留校工作三年左右，我所在的数学系开始引进博士和博士后，我潜意识感到了一定的压力。于是就与费老师商量，并由他介绍去华东师范大学统计系跟茆老师攻读在职博士学位。茆老师欣然答应了，我也较为顺利地通过了概率测度、高等数理统计和英语三门课的入学考试，后来听卜正庆老师说我的英语成绩是最高的。1996 年的春天，统计系安排了一次博士研究生入学面试，记得我与王静龙的学生孙孝前一同参加了面试。当时我把在硕士研究生期间想到但在后来才解决的一个问题介绍了一下，这个问题来自戴树森、费鹤良和王玲玲等编著的《可靠性试验及其统计分析》（上册）（国防工业出版社，1983）。书中把单参数指数分布有替换寿命试验的结论不加推导地推广到了二参数分布场合，我发现了其中的漏洞，并写了一篇《二参数指数分布有替换寿命试验极大似然估计（英文）》（应用概率统计，1994（4）：399-404）。除了论文内容，我还讲述了未来的研究方向。我的研究基础得到了茆老师的肯定，并于 1996 年 9 月正式入学。后来我才知道我们这一届概率论与数理统计方向共录取了 4 位，另外两位是周斌和徐勤丰，都跟茆老师攻读博士学位。

1996 年 9 月到 1999 年 7 月我在华东师范大学攻读博士学位期间，除学习三门学位课程（统计决策与贝叶斯分析，大样本理论及广义线性模型）之外，茆老师还开始鼓励学生做一些金融证券相关问题的研究，我们每周一次参加刘忠师兄发起的投资组合的讨论班。另外，在了解到商学院的潘英丽老师有一个关于金融工程讨论班后，我和周斌等经潘老师的学生私下介绍过去旁听，但当时潘老师有点为难我们。茆老师在得知这个情况后，就与潘老师协商，作为交换条件由茆老师为潘老师的弟子们单独开设统计分析的课程。在这种情况下，我们才得以系统地学习了包括 John C. Hull 的 *Options, futures, and other derivatives* 在内的一些经典的金融工程书籍。我们还有幸听了大师兄庄东辰来统计系介绍当时影响全国的“327 国债期货风波”。受这些因素的影响，我和茆老师商量，也想尝试在这个方向做点研究。为了获取第一手的数据，茆老师还专门介绍我去找在申银万国工作的强立师姐。在此基础上，我做了为期一年有关证券衍生品定价与有效市场假设等方面的文献调研，写了 60 多页的文献综述，确定了基本的方向，并想用分形理论做一些创新性的研究。到了 1998 年底，由于在这个方向的进展不太顺利，我就向茆老师提出延期一年毕业的想法，以保证有更深入的研究。但在当时研究生延期毕业对学生本人与导师都是不光彩的事，统计系还没有这样的先例。在与茆老师充分沟通后，我决定暂时把研究的重点转到我熟悉的加速寿命试验上来，并把博士论文定为《损伤失效率（TFR）模型与保序估计》。这样，我利用 1999 年的寒假两个月左右的时间匆匆完成的毕业论文的初稿，开学后又进行了大量的模拟分析，于 1999 年 3 月左右完成了毕业论文的第一稿，打印后交给茆老师审阅。茆老师拿到论文后花了 2 周左右时间帮我进行了非常仔细的批注，包括标点符号都标了出来。这给了我非常大的触动，也影响了我以后指导研究生撰写论文。

重回母校工作

在博士毕业那年，王静龙老师与茆老师都有意让我留在华东师范大学统计系工作，但我当时从情感考虑，还是回到了上海师范大学工作。时间到了 2003 年的年底，我参加了在香港科技大学举办的 Bernoulli Society East Asian and Pacific Regional Conference，临行前了解到茆老师也会参加这个会议，所以我与茆老师和夫人严老师约定在深圳见面，然后一同赴香港。当时，茆老师说他即将正式退休（当时王玲玲也已经退休），问我是否愿意调到华东师范大学工作，以充实可靠性的师资队伍。回到上海后，在与费老师商量后，我作出了一个较为艰难的决定，最后在系主任汪荣明教授和王仁义书记的大力推动下，于 2004 年 9 月作为华东师范大学骨干教师被引进到了统计系工作，并有机会参与了濮晓龙师兄的主持的解放军 63850 部队的《身管寿命统计分析》课题。在茆老师与程依明老师的支持与参与下，于 2006 年获得了我的第二个国家自然科学基金项目，同年被聘为正教授，事业蒸蒸日上。除了感谢我自己把握了难得的机会外，这近 20 年来我点点滴滴的进步与成就都离不开茆老师的支持。

支持两个期刊的工作

我 2004 年到华东师范大学统计系开始工作后就接手了茆老师等前辈于 1985 年创办的《应用概率统计》期刊，作为编辑部主任一直工作到 2014 年，期间多次听取茆老师的意见。在他的鼓励下，期刊逐步建立了网刊、推行 TeX 中英文模板、引入马格泰克新的编审系统、建立起了编委负责制等，使期刊质量上了一个台阶。2014年，我从编辑部主任岗位上退了下来，恰逢汪荣明教授担任华东师范大学的副校长，汪校长提出了创办纯英文的统计学术期刊，以填补国内没有统计英文刊的空白，汪老师让我一同参与。这期间，我听取了茆老师的意见，茆老师说这是件好事，这对华东师范大学乃至中国的统计事业都是大好事。经过 3 年左右的筹备，《统计理论及其应用》英文刊终于在 2017 年问世了。我拿着期刊的第一期向茆老师汇报，向他仔细介绍三位主编（邵军老师、孙东初老师、林丹瑜老师）、荣誉编委（汪荣明老师和吴建福老师）以及其他有影响力的编委，和英国 Taylor & Francis 出版集团合作出版等，他听后一个劲地说“好好好！真不容易，完成了我们几代统计学家的夙愿。”①

学术生涯的领路人

我在可靠性与贝叶斯统计这两个领域的学术生涯离不开茆老师的引路和持续的鼓励，得到了他的“真传”，使我成为一位坚定的贝叶斯学派的门徒，并将贝叶斯方法用于可靠性理论与应用研究，培养了 50 多名硕士研究生与 10 多位博士研究生。茆老师早在 1994 年就培养了中国最早的从事退化数据的博士，是国内最早从事无失效数据寿命试验探索的统计学家，是国内高可靠产品加速寿命试验——包括恒定应力加速寿命试验、步进应力加速寿命试验、序进应力加速寿命试验的开拓者之一。由于华东师范大学的数理统计在全国的影响力，以数理统计方法，特别是贝叶斯理论为基础的统计质量管理和可靠性理论与应用逐渐成为学界与业界的名片，一致认为是华东的一个中心。在茆诗松老师、周纪芗老师、王玲玲老师、费鹤良老师（华东师范大学研究生毕业，在上海师范大学工作到退休）带领下解决了一大批企业的问题，并形成原创性的研究成果。这一切也引导了我和我的多位博士持续在这个方向的研究，和他们共同发表了一系列的论文，并在国内产生了持续的影响力。在我的学术生涯中，给我印象最深的是茆老师一直以实际行动引导我们要热爱数据，从数据中找有意义的问题。

茆老师积极推进贝叶斯理论与应用在中国的开展，他是国内少有的贝叶斯学派的代表人物，崇尚“要利用一切可以利用的信息”，包括历史数据、专家经验等先验信息，这使得贝叶斯的哲学理念和思维方式深深扎根在我的心里，也持久影响着我的教学与科研，并贯穿到研究生的培养中。茆老师支持并积极推进贝叶斯统计国际研讨会的开展，在孙东初师兄努力下，我协助孙老师共同组织了华东师范大学主办的 2011 International Workshop on Objective Bayes Methodology，2013 International

---

① 2000 年左右，赵林城、林正炎等就想创办《应用概率统计》的英文版，但因刊号问题一直没有成功。

Workshop on Bayesian Model Selection，The First International Workshop on BFF Inference and Statistical Foundations（2014），The Second International Workshop on BFF Inference and Statistical Foundations（2015），The International Workshop on Small Area Estimation and Bayesian Disease Mapping（2018），The 2019 International Workshop on Big Data and Modern Statistics，以及 2015 Summer School on Bayesian Statistics 等有影响力的贝叶斯会议或活动。会上有美国杜克大学的 James O. Berger 教授（美国科学院院士）、Berger 的导师 Larry Brown 教授、西班牙瓦伦西亚大学的 José M. Bernardo 教授（西班牙皇家科学院院士）等国际知名的贝叶斯统计学家相遇，茆老师为之非常兴奋。记得在 2011 年会议的晚宴上还与 Berger 教授聊得非常投机，喝得非常痛快。

我有幸参加了茆老师两本教材——《可靠性统计》和《贝叶斯统计》的改编，分别添加了加速寿命试验、可靠性中的贝叶斯方法、贝叶斯计算和客观贝叶斯推断等内容。令我印象非常深刻的是，茆老师对文字的把捏要求非常严格。例如，校对时他对表格中的一个数字提出了疑问，让我用软件重新计算一下，这些都持续影响着我我后来的教学、科研和人才培养。

茆老师和严师母待我像亲生儿子，每见一次都会问我身体状况、家里的情况；茆老师家里有什么事需要处理，也会想起我，叫我过去，同时听我讲述学院的变化和发展情况。这种亲情般的友情与恩情很难言表。

往事难以回首，但记忆无法抹去。亲爱的茆老师，您永远活在我们的心中，我们会谨遵教诲，砥砺前行，沿着您和老一辈统计学家开拓的数理统计之路继续前进，像您一样做一个“学高为师，身正为范”的师大统计人。

缅怀恩师报国赤子情，唯以踔厉奋发报师恩：纪念茆诗松老师

何基报

惊闻敬爱的茆诗松老师逝世的消息，悲痛不已。茆老师是中国统计学人的杰出代表，为我国统计学科的发展、统计学运用于国家建设和社会发展作出了巨大的贡献，在教学管理、学术研究方面孜孜不倦、硕果累累；在教书育人方面，坚守立德树人初心，不拘一格，为国家培养了大量的人才。我也正是由于茆老师的引导，才走上了将统计学运用于金融领域的工作岗位，至今已经二十多年了。在这期间，我还经常向茆老师汇报，并就相关问题进行探讨，就相关观点进行交流。回忆起来，这些情景历历在目，似昨日一般。在此过程中，茆老师严谨的治学精神，高尚的品格，老骥伏枥、壮心不已的进取精神，在我们学生辈心中打下了深刻的烙印，成为指导我们保持永不懈怠的精神状态和一往无前的奋斗姿态的重要明灯。

我于 1994 年考入华东师范大学数理统计系（后来改为统计学系）攻读硕士研究生学位，并于 1997 年继续攻读博士研究生学位。在硕士和博士两个阶段，茆老师都是我的指导老师。这期间，我和茆老师相处机会较多，他的言传身教使我受益匪浅，对我树立积极向上的“三观”起到了非常大的作用，也让我对茆老师的治学、为人等有了更全面的了解，并更加敬佩他。现就茆老师指导我们这些弟子过程中的点滴往事进行分享，以此感恩、致敬和怀念敬爱的茆老师。

富有远见，注重联系实际，躬身践行谋统计学发展

统计学的诞生和发展来源于生产实践。早在 17 世纪，统计学就运用于社会生活方面。但在国内，改革开放前，我国统计学科深受苏联的影响。统计学被分成“概率论与数理统计”和“统计学”，前者讲方法论，属于应用数学范畴；后者讲运用，属

于有阶级性的社会统计。"两门统计"在相当长的时间里互相之间很少往来。数理统计越来越理论化，即使应用，也不太敢碰社会经济现象。社会经济统计则越来越概念化、指标化、简单化，甚少使用数理统计方法，统计理论与应用被人为地割裂开来。这种人为的割裂不利于统计学科的发展，也不能适应市场经济的需要，客观上存在着由割裂走向统一的需求。深谙统计学史和统计学发展规律的茆老师，当时在华东师范大学数学系任概率论与数理统计教研室主任，他敏锐洞察到这一需求，因此除完成正常的教学任务外，他率先开展统计学发展和实际运用相结合的探索，先后为国内一些工厂、研究所等用统计方法解决了一批实际课题，譬如军用橡胶件的配方、合金钢与玻璃膨胀系数的匹配、抗生素新菌株的选择与新工艺参数的确定等问题。后来，茆老师在组织成立华东师范大学数理统计系以后，更加重视将统计学发展与实际运用结合起来，产生了大量有价值的科研成果。由于当时许多研究生本科都是学数学的，或多或少存在着一种重视数学理论的倾向。有一次和茆老师交流时，他说："统计学是一门运用特性很强的学科，从历史上看，统计学的许多新思想都是从解决实际问题中来的，有些人喜欢搞理论和复杂的模型，但统计学和实际运用的结合也很重要，有时候比搞纯粹的理论和模型更有意义，难度上有时候会更大。"和茆老师的多次交流，以及茆老师身体力行带领弟子们的亲身实践，使得我们对统计学有了更深刻的理解，对统计学的发展应该植根于生产实践这一理念更加坚定不移。我这 20 多年来也一直是这方面的践行者。

老骥伏枥，壮心不已，书写统计创新运用新篇章

记得 1995 年 9 月份开学后，刚确定茆老师为我的导师不久，一天茆老师对我说，想要参加一个关于证券市场方面的课题。这个课题是由上海证券交易所信息统计部、上海财经大学、华东师范大学统计系等单位共同合作，主要是研究用什么样的指标体系反映证券市场的总体特征，对经济社会发展的贡献和影响，后来课题定为"现阶段我国证券市场经济功能的统计测定研究"。在当时的情况下，一是中国资本市场发展时间不长，还有很多不成熟的地方，指标体系的有效性和稳定性难以保证；二是当时的统计系懂证券市场的人不多，对什么是市盈率、净资产收益率等都没有概念，在证券市场方面的知识储备较少。在这种情况下，能否做这个课题以及做到什么程度，作为学生，我们心里没底。同时，时间也比较紧，我们觉得难度很大，没有一点把握。可茆老师豪情万丈，毫不犹豫地接下了这个课题，带领我们一头扎入这个课题的研究中去了。一个快 60 岁的教授带领他的学生，一方面通过开学习班、讨论班补经济学和证券市场的知识；另一面也积极地和上海财经大学的教授、上海证

券交易所的专家讨论课题研究计划、方案以及分工。整个课题分成了若干个子课题，例如统计指标体系建立、市场有效性的检验和测度、股市影响因素分析及指标体系、政策对市场的影响及测度等。每个参与方都被分配了若干个子课题，并建立定期碰头和讨论机制。由于这个课题在当时是全新的研究，而且当时证券市场又处于初期，股价波动比较大，炒作现象又比较严重，很多子课题的研究没有成熟的方法和模型可套用。在这种情况下，茆老师带领课题组的成员一个一个地去攻关，亲自组织并参与讨论。例如，当时市场认为政策对市场的影响比较大，市场认为中国股市是一个政策市，那么如何衡量相关政策对市场的影响，这无疑是很有意义的事情。但当时中国证券市场的政策发布和变动比较频繁，股市又受其他众多因素影响，如何将不同政策的影响区分开来，这是一个需要解决的问题。茆老师带领课题组成员（程依明、周斌、张丕一和我）查阅了大量的资料，将所有可能有影响的政策都收集起来，并仔细了解政策前后的背景和市场行情的变化，采访市场相关专家，然后邀请相关专家和市场人士一起，花了将近两周时间，一个政策一个政策地进行讨论，将其进行分类，对其影响期限运用专家打分法、事件研究法和统计建模进行交叉验证，最终建立了一套不同政策因素对股市影响的模型和测定方法。这仅仅是其中的一个例子。整个课题先后花了一年时间，形成了很多成果，例如《影响新兴股市的多因素模型及与中国股市的比较》《上海股市的有效性研究及与美国股市的比较》《政策、扩容、消息对上海股市的影响研究》等成果。最后，整个课题组形成了总的一个报告——《现阶段我国证券市场经济功能的统计测定研究》以及若干个子报告，总报告于 1996 年 3 月以整版发表在上海证券报第 12 版上。上述成果后来被收录于《上海证券报》和《中国证券市场实证分析》（学林出版社，1997 年）。当时的这些研究成果有许多在国内尚属首次，对证券市场统计指标体系的建设以及推动统计学在资本市场的运用起到了应有的作用。通过这个课题，我们增加了对证券市场实际运行情况的了解，也大大增加了对统计学在资本市场运用的信心，同时也挖掘到了一大批待深入研究的课题。在 1997 年，茆老师又带领我们这些弟子参与了彭实戈院士主导的国家自然科学基金重大项目“金融数学、金融工程和金融管理”。这些课题坚定了茆老师开辟统计学在金融市场尤其是资本市场领域发展和应用研究的信心。有一次，他对我们说，统计学在金融尤其资本市场领域有广阔的发展前景，国家也需要这方面的人才，你们要珍惜这么好的机遇，并说他如果再年轻 10 岁，就会成立第二个系，从事这方面的研究和教学。

围绕统计和金融相结合这个方向，茆老师先后从证券投资组合理论、期权定价、风险管理等领域开展了系列研究，和学界、上海证券交易所、上海期货交易所、相关证券公司和基金公司开展了广泛的合作，为金融领域培养了系列人才并且在各自岗位上作出了突出贡献。

立身正直，潜心育人，甘做学生成长路上指明灯

茆老师有深沉的家国情怀，时刻关注国家的发展，希望国家能够繁荣富强，希望数理统计能够解决生产实践中的问题，为国家的经济建设和社会发展作出更大的贡献。为了实现这些目标，他一直孜孜不倦地工作着。从 1977 年恢复高考后首次建立研讨班以来，他为我国培养了一批又一批急需人才，其中硕士生 40 多名，博士生 18 名，可谓桃李满天下。在培养学生的过程中，他不拘一格，一方面通过开研讨班、学习班等方式带领学生学习专业知识，研讨相关学术论文，开展课题讨论等；另一方面，他也大胆鼓励学生创新，引导激励学生敢想、敢闯、敢干，给学生充分的空间。他开辟的关于统计学与金融学相结合方面的博士生论文和相关课题，都是统计学与金融领域相结合方面的创新性研究，都是茆老师带领学生以敢想、敢闯、敢干精神创造出来的富有价值的创新成果。这些成果有的在实际中得到了很好的运用，有的成了该领域监管实践和政策制定的重要参考，有的在相关评比中获得了重要奖项。这种敢想、敢闯、敢干精神通过耳濡目染的方式也传承给了学生，让我们坚定地将统计学与金融学相结合作为我们毕生服务国家的重要选择，同时在工作中始终保持敢闯敢干、一往无前的激情和奋斗姿态。在我毕业走上工作岗位后，还经常和茆老师就统计学在金融学中的发展和运用进行讨论，向他汇报体会和相关研究进展，以及金融和证券市场的最新情况、国家宏观经济走势等。当他看到学生在这些方面的进步，统计学在金融领域得到更大的运用，资本市场取得发展以及国家宏观经济运行取得成就时，他非常开心，这些都体现了他深深的家国情怀和拳拳的爱国之心。

逝者已矣，生者如斯。当前世界正处于百年未有之大变局，我们正进入全面建成社会主义现代化强国、实现第二个百年奋斗目标，以中国式现代化全面推进中华民族伟大复兴的新征程。统计学的发展和运用空间将更加广大，统计学的重要性将更加凸显，高质量统计学人才的需求也更加迫切。值此之际，我们需要更加秉承茆老师的优良师风、高尚品质，勇敢地接过接力棒，踔厉奋发、勇毅前行，为统计学的发展和国家经济社会建设作出更大的贡献。

怀 念 恩 师

张晓琴

2023 年 1 月 17 日，惊闻恩师茆老师于前一日永远离开了，心情无比沉重。往事涌上心头，历历在目。

关门弟子

有幸在茆老师门下读博，是我一生的幸事。硕士二年级时，有一次到北京参加学术会议，我有幸认识了周纪芗老师。在周老师的引荐下，我写信给茆老师表达了我读博的意愿。当时的我心里忐忑不安，没想到茆老师很快回信，说欢迎我报考。我真的很感动，赶紧复习备考，所幸顺利考取，成为恩师的关门弟子。

我永远记得的是茆老师带我进入统计学领域，清晰地记得茆老师让我将每一个符号、每一个字母的统计意义都要说清楚，这对我理解统计学的含义有极其深远的影响。现在我也经常会在跟学生的交流中，不断地强调茆老师的这一思想，告诉学生，是我的老师教给了我统计的思维方式，现在我又传承给你们。

在读期间，我跟茆老师做了关于加速寿命试验的一个案例，这使我对统计学的应用有了更加深刻的理解。还记得临毕业时，茆老师告诉我一定要认真将《概率论与数理统计教程》讲解几遍，我一直没敢忘记恩师的教导。毕业后我几乎每年都讲一遍这本教材，每讲一遍就有一次新的体会和感悟，也越发能体会到茆老师当时编写此教材时花费的心血。

70 周岁寿辰

虽然恩师已去，但过往的记忆确越来越清晰。2006 年在校期间，我有幸跟同门一起给茆老师庆祝七十大寿，茆老师、师母以及在身边的部分硕士、博士，大家欢聚一堂。彼时的茆老师和师母神采奕奕，各位同门年轻飞扬，大家一起话家常，浓浓的亲情溢于言表。中间有一个小小插曲，所得发票有刮奖这个环节，茆老师兴致勃勃地刮开了，面额不大，但真的是很开心。这也是我唯一的一次参加的茆老师寿辰。恩师80 周岁寿辰，正逢我在美国访学，没能亲自送上我的祝福，也是一个小小的遗憾。

学术会议

2008 年 7 月 16—19 日，山西大学在时任副校长的刘维奇老师组织下，承办了“中国工程概率统计学会年会”。我作为当时的主要工作人员，受托邀请茆老师作为特邀专家参会。在会上，茆老师给我们作了精彩的学术报告，也给我们这些年轻的后辈们上了一堂生动的教育课，使我们在毕业后再一次现场聆听恩师的教诲，受益匪浅。也是在本次会议上，我有幸第一次见到了许多同门师兄，在此之后，才有机会跟各位同门有更加密切的来往。之后，在会务组的安排下，陪同茆老师到五台山进行游览，茆老师精神矍铄地跟弟子们爬山、交流。作为弟子，我们也在尽情享受着与恩师的相处时光。

各种记忆历历在目，难以忘怀。恩师在统计界的影响永难磨灭。作为高校统计学专业的一线教师，时时刻刻在感受着：随着时代的变迁，统计的作用日显重要，统计学与各个学科的融合日渐深入。恩师在统计学科所起到的奠基作用不容忽视，作为后辈，唯有时刻提醒自己遵循先生教诲，踏踏实实在统计学领域贡献自己的绵薄之力！以此缅怀恩师！师恩难忘！

追忆我的导师苏诗松教授

朱利平

昨天下午，惊悉我的硕士导师茆诗松教授永久地离开了我们，心里万分悲痛。许多往事一一浮上心头。

2001 年春天，承蒙母校不弃，我有幸考上了硕士研究生。我反复确认过自己真的考上了以后，就开始想为自己找一个导师。当时，我偶然听说，系里有一位师姐也正想找导师。这位师姐本科毕业以后，先去内蒙古支教了一年。在她出发之前，茆老师不仅亲自为她送行，还特意说了一句："等你支教回来，系里一定派最好的老师带你读（硕士）研究生。"我的这位师姐非常优秀，尤其是笔记写得特别好，跟打印出来的效果差不多，系里很多老师都非常喜欢她。茆老师德高望重，在为她送行的时候说的那句话，各位老师们自然心里都记得。等这位师姐完成支教想给自己找个导师时，系里老师们都劝这位师姐直接去找茆老师。但当时茆老师已经有些年头没有带硕士了，这位师姐心里有点没底，不知道茆老师这次会不会破个例带硕士。但系里其他老师没人答应可以带她，这位师姐也只好硬着头皮去找了茆老师。没想到的是，茆老师很爽快就答应了，她就这样成了茆老师的硕士研究生了。"茆老师又带硕士生了"，这个消息很快就在系里的学生中传开了。我知道了这个消息以后，心里痒痒的，希望也能有机会跟茆老师读硕士。恰好在这个时候，我的辅导员汪老师问我想跟谁读硕士，我就实事求是地说了自己的想法。汪老师说，他来想办法。至于汪老师想了什么办法，我确实一无所知。但后来，我就稀里糊涂地成了茆老师的学生了。我的师兄、师姐、师弟、师妹们都很优秀，在他们之间，我一直觉得有些不好意思，毕竟我是靠"走后门"才投入到茆老师门下的。这应该是我第一次"走了后门"。

跟着茆老师读硕士期间，我做了两件事情。第一件事情是，茆老师带着我参加了一项在上海市质量协会立项的关于构建顾客满意度指数的横向课题。当时茆老师给了我一沓厚厚的美国顾客满意度指数的资料，让我看完后在讨论班上讲讲。那是我第一次在讨论班上汇报，我完全不知道从哪里讲起。我在讨论班上按照时间先后顺序，详细介绍了美国顾客满意度指数研究的历史，但没有一个字提到模型机理、数学表达、计算方法、统计性质等。结果可想而知。茆老师狠狠地批评了我，然后自己带着我们把这些资料过了一遍。这个横向课题结束后，我在师姐的指导下，发表了第一篇文章《线性结构方程参数估计的一种简单方法》。第二件事情是，茆老师带着我参与了关于加速寿命试验的科学研究，把我带进了学术研究的大门。茆老师给了我一本他领衔翻译的由中国统计出版社出版的《寿命数据中的统计模型与方法》，他结合自己过去多年参与工程实践积累下来的经验和案例，带着我们在讨论班上非常系统地读完了整本书。读了这本书之后，我才知道统计还有许多非常有趣的方法以及非常广阔的应用空间。后来，我在茆老师和师兄的指导下，发表了第二篇文章《混合指数分布的参数估计》。再后来，在朱力行老师的指导下，我对第一篇文章的方法做了一些改进和完善，与茆老师一起发表了第一篇英文论文 *A non-iterative approach to estimating parameters in a linear structural equation model*，这也是我的第一篇科学引文索引论文。在跟随茆老师读硕士两年内，我在茆老师的指导下、在朱老师以及各位师兄师姐的帮助下，读完了一本专著，撰写了 3 篇论文。

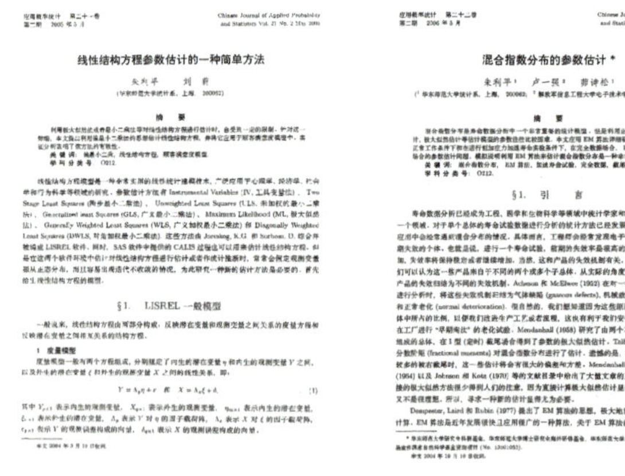

应用概率统计　第二十一卷　第二期　2005 年 5 月

Chinese Journal of Applied Probability and Statistics Vol. 21 No. 2 May 2005

线性结构方程参数估计的一种简单方法

朱利平　刘菲

摘　要

§1.　LISREL 一般模型

1　度量模型

应用概率统计　第二十二卷　第二期　2006 年 5 月

Chinese Journal of Applied Probability and Statistics Vol. 22 No. 2 May 2006

混合指数分布的参数估计 *

朱利平　卢一强　茆诗松

摘　要

§1.　引　言

部分资料

当时，硕士研究生学制是 3 年，但在第 2 年极少数学生可以申请提前考博。我天性愚笨，费了九牛二虎之力，总算是抓住了这次机会，可以在第 3 年提前攻读博士，不用继续读硕士了。我自己很高兴，以为自己有机会可以跟茆老师读博士了。更为关键的是，这次我是靠自己一步步考试上来的，算是打赢了一场翻身仗吧。茆老师知道我通过了考试也很高兴，约了我在他家楼下的阿莉餐厅吃饭，然后跟我说，系里马上会聘请朱力行老师为紫江学者。他已经跟朱老师说好了，让我跟朱老师去读博士。茆老师只是“通知”了我这个结果，没有要征求我意见的想法。茆老师有很多学生在上海证券交易所、深圳证券交易所和证券公司工作，我原本希望跟着茆老师读完博士以后，跟着师兄、师姐们去上海证券交易所或深圳证券交易所谋个年薪百万的职位。有这么多师兄、师姐们在这些地方工作，我是不愁自己找不到工作的。但是，我就这样被茆老师送上了学术的道路，被茆老师培养成了人民教师。那时，我并不知道朱老师有多牛，就稀里糊涂地成了朱老师的学生了。现在回想起来，茆老师可能比我更了解我自己，为我选择了一条我现在才意识到是自己真正喜欢的人生道路。要是我自己去找朱老师读博士，可能是很难通过朱老师面试的，那样我就没有机会跟着朱老师读博士了。靠着茆老师的推荐，我才投入到朱老师门下，这应该是我第二次“走了后门”。

茆老师一直对于教学和教材充满激情。在我读博士期间，茆老师亲自给本科生讲授概率论与数理统计课程。那时，茆老师已经快 70 了吧。他的体形微胖，腿脚已经有些不灵便了，只能坐着讲课，系里派了我的那位很会记笔记的师姐去作他的助教。茆老师讲到中心极限定理时，用了一种非常特殊的讲法，他是这么讲的：假设观测数据独立同分布地来自均匀分布，然后用卷积的方法，来求 2 个观测数据的平均值的密度函数，把密度函数画出来；然后再求 3 个观测数据的平均值的密度函数，把密度函数画出来；然后再求 4 个、5 个、6 个观测数据的平均值的密度函数。这个过程非常烦琐，但非常形象地展示了平均值的分布逐渐向正态分布靠近的过程，清晰展示了中心极限定理的思想。这个教学过程，需要老师具有很强的耐心与扎实的数学基本功。尽管现在我们可以很方便地通过计算机模拟来实现这个想法，但这种讲授方法，一直让我印象非常深刻。

近些年我没有在上海工作，但只要去上海的话，我都会去茆老师家里坐一坐、聊一聊。茆老师在 80 岁之后，精力已经不如以往，但只要聊起教学和教材的事情，他的精神马上就能好起来。我告诉茆老师，他写的书被许多学生称为“茆书”，师母和茆老师听了以后哈哈大笑。我们还会聊起很多问题，比如，检验多个均值是否存在差异的方法，为什么会叫方差分析？听到这，茆老师会马上拿出笔和纸，跟我画个图，解释方差对检测均值差异的影响。我们还会聊起茆老师教材中的有些证明，是否有更直观更简单的证明方法。我们会聊起许多事情……

这些事情，好像就发生在昨天，但已经离我们远去了。

今天我们怀着十分悲痛的心情悼念茆老师！亲爱的茆老师千古！

待人真诚热心，治学忘我勤奋

胡毓达

诗松和我四年大学同窗，始终共处一个寝室。他待人真诚友善和乐于助人的品格，给我留下深刻的记忆。

我们入学一年后的 1955 年国庆节，学校要举行庆祝游行。由于入学一年来，我仅去过中百公司和集体到长宁电影院看过一次电影。诗松知道张佳才同学和我是外地人，在上海没有亲友。于是，他主动提议我们于前一天下午，由他带领我们二人到外滩观光黄浦江、外白渡桥、四川路桥、邮电总局。然后，我们一路游览了四川北路，于傍晚去武进路他家中。当晚我们同住他家，三人共挤一床。第二天，待学校的游行队伍到达四川路时，三人插队一起游行回校。

诗松知道我喜欢拉小提琴，主动向校学生会推荐我去组织成立校学生乐团。得到批准之后，又热心地陪同我去学生会申请经费和起草招聘团员的布告事宜。由此，我曾为母校购买过数把小提琴和大提琴，终于成立了由各系同学 12 人组成的华东师范大学学生弦乐团。我们每周四下午活动一次，并且多次为学校有关庆祝大会演出。它不仅丰富了我求学时期的生活，也为华东师范大学建立学生乐团作出贡献。

在我们求学的年代，政治运动不断。诗松作为思想进步的先进分子，对人和事始终实事求是，对所有同学，特别是一些平时“脱离群众”和所谓“后进”的同学，都能一视同仁地一直保持十分友好的关系。

大学毕业后，他因品学兼优留校任教，并很快被选拔为留苏预备生。但一年后，因中苏关系恶化退回。记得一天，在上海的几位老同学约他到我家相聚，大家对此都表示惋惜和慰藉。但他却并不在意，坦然地认为作学问主要还是要靠自己的努力。果然，通过坚持不懈的努力，茆诗松成功继承和发扬魏宗舒老师的专长，很快便承担起概率统计专业的教学和科研重任。特别是，之后在他的努力和带领下，华东师范大学在上海甚至在全国率先建立了数理统计系，这对我国概率统计事业的发展起到积极推动作用。

诗松在工作中比求学时更为用心勤奋！在培养一批批专业人才的同时，还出版了多部优秀教材和专著。他赠我的《概率论与数理统计教程》，比起以前读过的同类译作都更为“引人入胜”，确实体现了该书序言中所描述的由浅入深和从直观到抽象。他潜心撰写的著作中多部获得国家级奖项。

毕业后，大家都忙于工作，来往不多。一次与他通电话时，我告诉他近期为《数学辞海》审定“运筹学”分支稿子花去许多时间。不料他也告诉我，正在为《数学辞海》的“统计学”分支审稿。由于原稿大都不可用，许多条目均需重写。这些工作并不是他分内事，可见他对工作的严谨认真。

胡毓达
上海交通大学数学科学学院

怀念老友茆诗松

熊庆露

我与诗松大学同窗四年，并且在一个党支部过组织生活。他性情开朗、思想进步、学习刻苦、成绩优异、钻研精神强，曾是我学习的好榜样！

毕业之后，虽然没在同单位工作，但我们两家一直保持着联系。无论我在延安还是在南京工作，只要有机会，我们都会探望彼此。记得 1972 年，我随延安大学教改取经团赴全国学习，到华东师范大学时去看望多年不见的诗松和惠萍。那时时局动荡、物资极端匮乏，诗松一大早就起床跑菜场排长队买菜，亲自下厨忙出一桌丰盛的饭菜，令我十分感动。后来我调到南京，诗松出差来宁也总会来看我们，畅叙离别后各自的工作和生活。没机会见面时，我们也常会通信。那时诗松在华东师范大学工作繁忙、重任在肩，但是每当我们有学科建设等问题请教时，他都会热情来信给出中肯的建议，对我们多有帮助。

1988 年，我回华东师范大学参加了毕业 30 周年活动，2008 年又一次回华东师范大学参加了毕业 50 周年纪念活动。两次聚会过程中，诗松忙前忙后、细心周到地为同学们安排各种活动。大家欢聚一堂，笑谈往事、畅叙友情，度过了终生难忘的美好时光。

2008 年后，随着年龄的增长，我与诗松再也没有机会见面了。虽然如此，每年逢年过节，大家都会真诚地互致问候，十多年来，从未间断。

今年一月，惊悉诗松去世的噩耗，万分悲痛！我从此失去了相交一生、忠厚热忱的老同学，我们的母校也失去了一位成就卓著、垂范后学的栋梁！回想往昔，诗松的音容笑貌宛在眼前，而今斯人已逝，只留下无尽哀思在老朋友们心中！

2023.3.27

一位老同学的来信

陶增乐

严惠萍，你好！老同学，身体还好吗?！自 1 月 17 日接到老茆离世的消息后，我心里十分难受和悲伤。我和你俩同是华东师范大学数学系 58 届的学生，同窗四年，感情甚笃。你知道吗，我和老茆还是同年同月生。我们在同一所大学，同一个班级，同一个教室，同一幢宿舍，共同学习和生活了四年。更有意义的我们还是同一个党支部，同一个党小组。

老茆走了，我们心里都很沉重！我们又走了一位老同学，统计学科又失去了一位导师和学科带头人。

瞬间，我国民间传统的祭奠逝者的“七七”四十九天已过去，但老茆的音容笑貌依然浮现在我眼前！

前些天，收到关于“追思会”的通知，我深感欣慰。因为这不仅是对长者、导师的思念，要学习他的精神和品格，更是表明统计系后继有人，他们会学习他的精神和品格，沿着前辈的足迹不断前进，去开创新的学科建设事业！

写着写着，我不禁回忆起老茆的二三件事。

记得还是学生时代，那时教室、宿舍熄灯制度很严，老茆常“抱怨”说：“应该给我们更多的看书时间，教室的灯再推迟一些关，不更好吗！”老茆学生时代，就是刻苦学习的。

平时老茆爱说毛主席的一句语录：世界上怕就怕“认真”二字，共产党就最讲“认真”。

当我们都退休了，老茆还在带病努力耕耘，为教材建设出力。他说：“搞了这么多年概率统计，有了些体会，总要把它写下来。”

他一生在统计学科建设事业上不都在践行着他的理想和信念吗！待人以诚，做学问刻苦认真，对教育事业有着孜孜不倦的追求。

实际上要写的还有很多很多！我们以后见面聊天，还会再追思！

今天，以这封短信表达我对老茆的思念，也望你多加保重！

老同学 陶增乐

2023 年 3 月 23 日

杨振海口述

我和茆诗松交往的时间有很长了。我还清楚地记得，我和茆老师相识是在一次会议上，那时我们两个人住在同一个房间。当时茆老师身体魁梧强健，那个时候他也就四十来岁，我们都是四十来岁。后来我们又在很多的统计会议上见到，包括一次中日统计会议。那次中日统计会议是到华东师范大学集中，我记得在这次集中的时候，茆老师领着我们，可能还有陈希孺教授和陈平教授，去延安路拜访了魏宗舒先生。

还有一次，我和陈平去茆老师家拜访他。那时候他有一个很好的书房，里面有一面墙是书架，上面放满了统计的书，其他的细节已想不起来了。我和茆诗松来往比较密切的时候，是在我快退休和退休以后。那个时候，我凡是到上海都是落脚于华东师范大学，具体都是濮晓龙给我安排住处。

我们还常和汪荣明校长、王静龙等一些老师一块儿吃饭。每次到上海我都要拜访茆诗松老师，因为茆诗松老师喜欢喝酒，我每次都会给他带一瓶好酒，有时候茆诗松也会请我一块儿吃饭。最近，我在写一本书《小样本统计分析》，但是这书里涉及的像韦尔奇检验、巴特利特检验等方法，我都是从茆老师的书里学到的。

我们怀念茆老师，茆老师是对我们中国的统计发展有着巨大影响的教授之一，茆诗松的去世对我们统计界是一大损失。

读者意见反馈

为收集对教材的意见建议，进一步完善教材编写并做好服务工作，读者可将对本教材的意见建议通过如下渠道反馈至我社。

咨询电话 400-810-0598

反馈邮箱 hepsci@pub.hep.cn

通信地址 北京市朝阳区惠新东街 4 号富盛大厦 1 座
高等教育出版社理科事业部

邮政编码 100029

图书在版编目（CIP）数据

情系统计写春秋：敬忆茆诗松教授的统计人生 /《情系统计写春秋——敬忆茆诗松教授的统计人生》编委会编 . -- 北京：高等教育出版社，2024. 8. -- ISBN 978-7-04-062749-7

Ⅰ. K826.11-53

中国国家版本馆 CIP 数据核字第 2024BOF636 号

Qingxi Tongji Xiechunqiu

策划编辑	李　蕊	出版发行	高等教育出版社
责任编辑	李　蕊	社　　址	北京市西城区德外大街4号
封面设计	王　洋	邮政编码	100120
责任绘图	裴一丹	印　　刷	北京中科印刷有限公司
版式设计	马　云	开　　本	787mm × 1092mm　1/16
责任校对	高　歌	印　　张	12.25
责任印制	赵义民	字　　数	220千字
		购书热线	010-58581118
		咨询电话	400-810-0598
		网　　址	http://www.hep.edu.cn
			http://www.hep.com.cn
		网上订购	http://www.hepmall.com.cn
			http://www.hepmall.com
			http://www.hepmall.cn
		版　　次	2024年8月第1版
		印　　次	2024年8月第1次印刷
		定　　价	63.00元

物 料 号　62749-00